三池炭鉱
宮原社宅の少年

農中茂徳

石風社

三池炭鉱宮原社宅の少年◉もくじ

宮原社宅

一丁玉　7　宮原社宅　10　あくすい川　13

三十一棟のタカちゃん

宮原幼稚園　18　天領病院へ　20　十円うどん　25　ハインヅカ　28

懲《こ》りない少年

夜汽車の見える部屋　32　浮き輪　34　息ができない！　39

下り坂はブレーキなしで　45　台車、吹っ飛ぶ　49

はぜまけ事件、出血縫合　52　水中鉄砲　58

遊んで食べて手伝って

「かてて」　64　白いテントと白いシャツ　79　サインはカーブ　82

スイカ　88　カバヤ文庫と納豆　92　練炭炬燵と七厘　95　引率映画　102

世界の揺らぎ

運動会の日に　108
中原重俊先生　112
ホットミルク　116
トマトを買いに　119
高巣巴先生　121
ウナギと梅干し　126
あたまんようなると自殺するげな　131
明日への共同風呂　144

「外《がい》」の世界で

雄辿寮　158
錆びない画鋲　164
レタス　168
バナナ　170
タバスコ　171
アシタバ　174
クサヤ　177
デコレーションケーキ　180
青菜の味噌汁　182
シジミ　185
「外」　188

やがて来る日に

二行の真意　198
闇への案内板　209

ふたたびの大牟田

ピンポーン　220
茶碗蒸し　222
「ハインヅカ」の謎　227
時の記念日　230
父さんの贈りもの　233

あとがき　244
『三池炭鉱宮原社宅の少年』に寄せて　小林文人
年表
参考文献

挿絵・奈須雅彦

宮原社宅

記憶の中の宮原住宅（1958年頃）

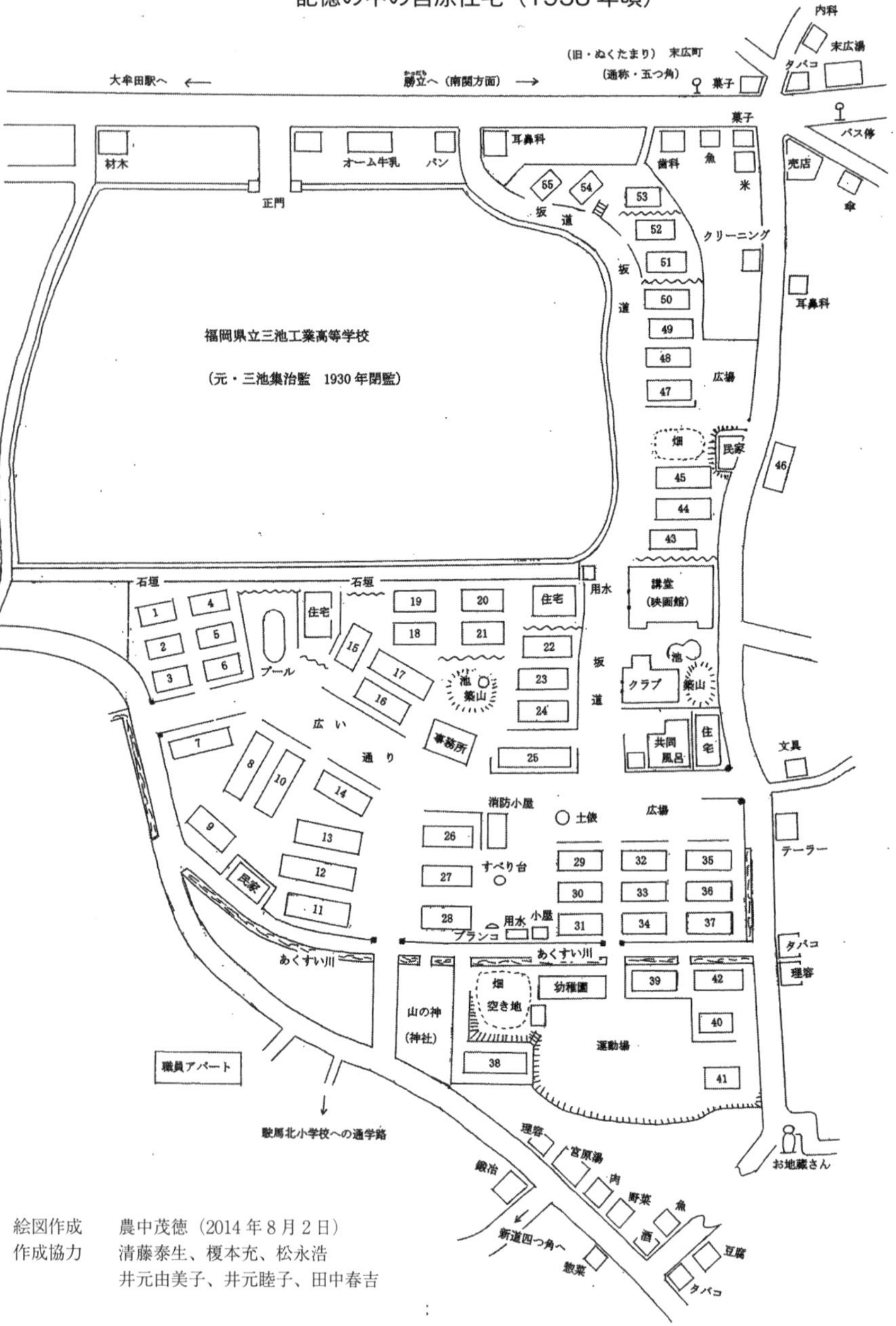

絵図作成　農中茂徳（2014年8月2日）
作成協力　清藤泰生、榎本充、松永浩
井元由美子、井元睦子、田中春吉

一丁玉

「進駐軍」という言葉が耳にこびりついている。進駐軍というのは、かつて日本全土に駐留していたアメリカ軍のことである。治安がその任務だったようだが、私が住んでいた宮原社宅にも進駐軍のＭＰ（憲兵）が出入りしていた。社宅事務所前に軍用ジープを停め、腕章をつけたヘルメット姿の大男が二人、事務所の人と何やら話していた。近所のラジオから『リンゴの唄』が聞こえていた。記録映画などでは、「ギブ・ミー・チョコ！」と催促する子どもたちに笑顔でこたえるアメリカ軍兵士が映されるけれど、私には不気味なだけの存在だった。

その頃の記憶では、大牟田上空の高い所を、胴体が二つある飛行機が編隊を組んで北に向かっていた。飛行機の音に気がつき空を見上げると、そのほとんどがこの飛行機だった。

そんな記憶のなかにもう一つ、タカちゃんとの会話がある。

「このへんは『いっちょうだま』って、言われよったとやろう」

「そげんげな。なんか気色の悪か名前やんね。おりげん（俺の家の）ばあちゃんが言いよらしたばってん、ときどき人玉ば見た人のおらしたげな」

「いっちょうだま」というのは、「一丁玉」という古い地名のことである。福岡県立三池工業高校の裏側にあって、旧三池炭鉱宮原坑に近い。

最近になって、太平洋戦争末期に中学生だったトシさんから一丁玉にまつわる話を聞いた。

トシさんの親の家業は仕立屋だった。大牟田市の中心部にあったのだが、「お国のための徴用」を理由に、稼働中のミシンを何台も供出しなければならなくなった。仕立屋の仕事ができなくなり、店をたたんで三池炭鉱で働くことになった。

家族の疎開先は、一丁玉社宅だと知らされた。その時、トシさんは「一丁玉社宅にだけは行かないで」と泣いて訴えたという。一丁玉と呼ばれたその地は、幼い時から、不気味でとてもこわい所だと教えられていたからである。さらに、一丁玉社宅の近くにはかつて修羅坑《しゅらこう》と呼ばれていた宮原坑があり、そのこともトシさんを不安にしていた。

鹿児島本線の大牟田駅から東に延びる道沿いには、東洋軒というラーメン屋や大牟田郵便局があって、そのまま二十分ほど歩くと、高台に福岡県立三池工業高校の建物が見える。熊本県の南関町方面に向かう広い通りに「三池工業高校前」というバス停があり、正門への道は石積みのゆるやかな登り坂になっている。私は初めて正門から入った時のことを覚えているが、進

左に三池工業高校の塀。右の平屋は社宅の43棟。右手前に講堂(映画館)があったが、解体されていた。(1980年頃)

むにつれて正体不明の何かに威圧されていた。おそらく私だけではないだろう。初めて訪れ、正門に向かう人は私同様に圧倒されるにちがいない。周囲との関係を隔絶する外壁が、頑丈なコンクリート塀となって高々と続くからだ。

そのコンクリート塀のいたる所には剥落が目立ち、むきだしになった赤レンガが見える。明治時代に、国政への反逆罪で捕えられた国事犯《こくじはん》を収容していた三池集治監《しゅうちかん》だったことを知らしめる赤レンガである。

官営だった「三池炭礦《たんこう》」は明治二十二年一月に三井物産に払い下げられ、「三井炭礦社」の経営に移った。官営時代の主たる坑夫は、三池集治監で「懲罰」を課せられていた囚徒たちだった。三井炭礦社に払い下げられた後も、三池集治監の囚徒は宮浦抗や勝立《かつだち》坑、宮原坑などの坑夫として使役され続けた。その後、三井炭礦社は「三井鉱山」に改名されるのだが、囚徒の使役は宮原坑の主力として、宮原坑が閉鎖される昭和五年まで続けられていた。

三池集治監の南の隣接地に、刑期を終えた放免囚のための一丁玉放免納屋が用意されていた。三井鉱山の経営に移って以降、一丁玉放免納屋は増改築されて、一丁玉社宅と呼ばれるようになった。

宮原社宅

一丁玉社宅は、明治、大正の時代を経て増築され、昭和の時代に入ってさらに増改築が進み、昭和十年代頃には名称が変わった。それが宮原社宅である。

私は、敗戦の翌年にその宮原社宅で生まれ、高校生の頃まで、そこで育った。

宮原社宅は三池工業高校の南側と東側を包むように広がっていた。中央に管理事務所があって、二百世帯ほどの家族が長屋で暮らしていた。共同風呂、講堂、倶楽部、幼稚園、プール、山の神《かみ》神社などがあり、消防小屋や防火用水槽なども配置されていた。長屋は一棟から五十五棟まであって、数棟を一つの班として十三の班があった。

宮原社宅は高さ二メートルほどの灰色のブロック塀で囲まれ、東西南北の四カ所に乗用車が通れる広さの通路があった。他に、自転車が通れるくらいの生活用の通路が三カ所ほど。宮原社宅は文字通り閉鎖的な地域だった。

宮原社宅の北側に隣接する三池工業高校の厚い塀部分は直線的で低くなっているが、尖ったガラス片が埋め込まれていた。囚人の脱走防止のためだったと言われていた。しかし、低い塀の五十メートルほどだけは、ガラスの出っ張りがていねいに削られていて、社宅事務所の裏手あたりから越えれば、高校の運動場に楽に入れた。現在では考えられないのだが、そこは、宮原社宅の子どもたちにとってかっこうの遊び場でもあったのだ。警備員さんが時々回って来るが、うるさくはなかった。お互いに挨拶をかわした後は、遊びに仕事に専念していた。

私の住所は宮原社宅三十棟。三十棟は平屋の四軒長屋で、東から二軒目が私の家だった。その裏の三十一棟に一つ年上のタカちゃんが住んでいた。三十棟と三十一棟はいずれも八班だった。二人とも長男で、それぞれの家と家とを遠慮することなく出入りしていた。

タカちゃんが中学校で部活に励むようになる頃まで、私たちは兄弟のようにして過ごしていた。学校に行く時、おやつを食べる時、共同風呂に行く時、宿題をする時、雨の日に家の中で遊ぶ時、年賀状を書く時、ザリガニ釣りに行く時、学期末の通知表を開く時などいつも一緒だった。親の里帰りについて行く時だけは、それぞれ別々に過ごしていた。

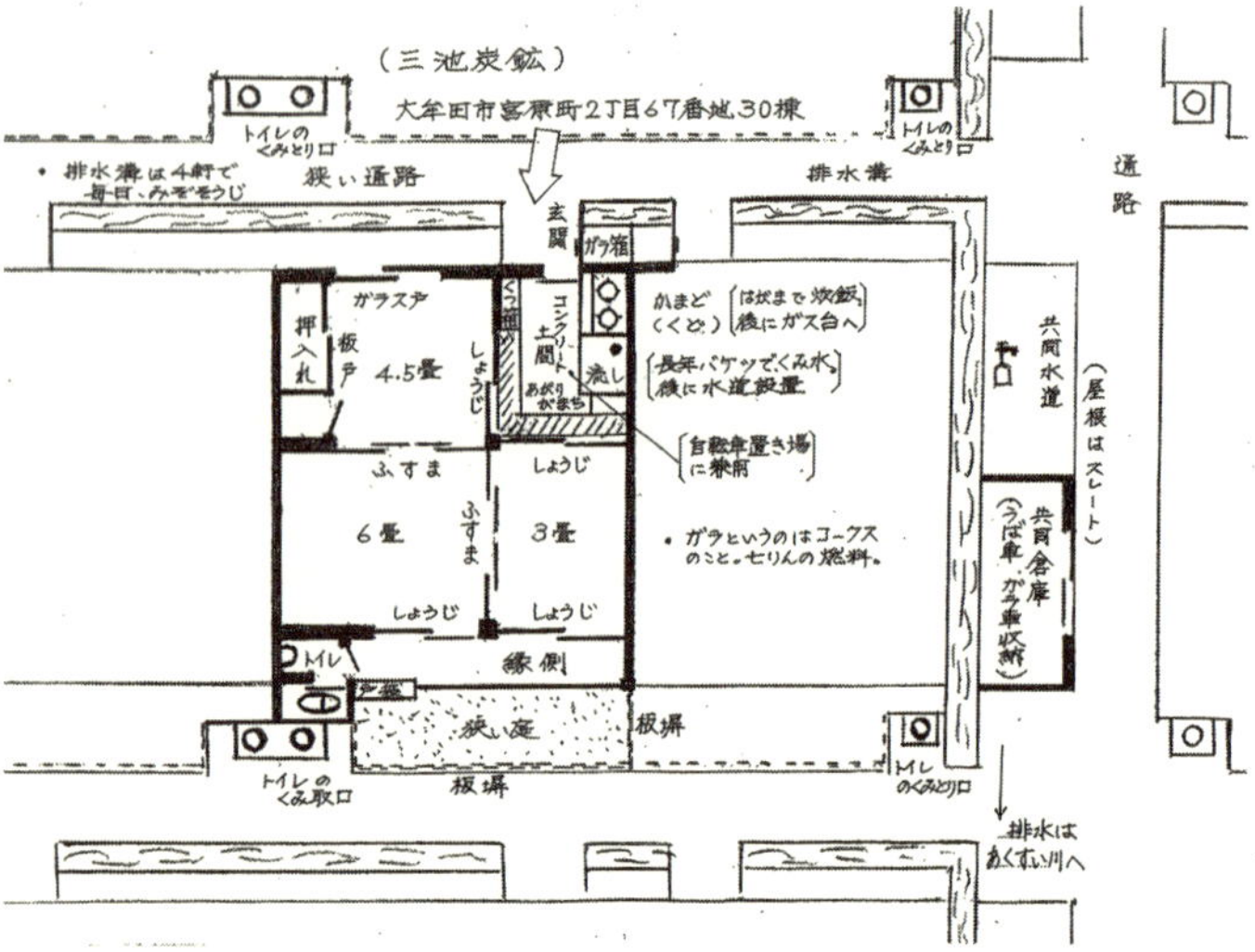

著者が住んでいた宮原社宅30棟の間取り（著者作成）

あらためて宮原社宅をたずねてみた。住んでいた時からすでに半世紀が過ぎていた。

私は、暖溜《ぬくたまり》（現在の末広町）の方から回りこむようにして三池工業高校の坂道を進んでいった。高いコンクリート塀に添った道が直線にのびて、下りになるあたりから眺望が開け、ちょっとした広場と社宅の甍《いらか》が見える。そのはずだった。しかし、正面にいきなり大きな民家が現れ、道はそこでT字路になっていた。

あるはずの風景が消えていてめんくらった。区画整理の都合だったのだろうが、そこで立ちどまった私は、息をするのも苦しくなった。どっちへ行こうかと迷い、とりあえず左折して社宅の「なごり」を探し求めた。

あくすい川

「外《がい》」と呼んでいた宮原社宅周辺の家々と路地は、ほぼ以前のままのたたずまいだった。しかし、社宅解体後の場所には立派な家が建ちならび、とりつけ道路も新しくなっていた。三井の社有地であるかどうかという違いの結果なのであろう。

北側に隣接する三池工業高校の校舎を見つけ、しばらく眺めていた。そのあたりの塀は低く、越えれば周囲三百メートルのトラックがあった。しかし今や、塀ぎりぎりに高い校舎が建てられ新しい住宅地を見下ろしている。

もはや塀を乗り越えて入ることはできない。どう動こうかと、うろうろしているうちに「あくすい川」を見つけた。救われた気がした。

通称「あくすい川」は、社宅の東側を南に流れ、途中で直角に西に折れて社宅の外へ流れていく下水溝である。漢字で表せば「悪水川」となるだろう。しかし私を含め、社宅の子どもたちにとってはもっとも身近にある小さな「川」だった。

「あくすい川」の源流は、私たちが「水道課」と呼んでいた三井三池鉱業所の給水濾過所であ

あくすい川の橋の上から見た社宅への入り口の狭いレンガ門。奥に通称自転車小屋が見える。(1980年頃)

る。「あくすい川」の水がどういう質のものだったのか定かではないが、年中枯れることはなく、鉄管内の掃除が行われていたためか、一年に数回ほど鉄さびで赤く濁ることがあった。

宮原社宅のそれぞれの家庭の生活排水は、台所の「流し」から玄関前の溝に流される。その溝はやや大きめの溝に直角にぶつかり、数軒分の排水を集めながら「あくすい川」に流されていく。私は小学校に上がるまで、母親たちといっしょに毎朝「みぞそうじ」というのをやっていた。

それは隣近所の方々とのご機嫌伺いの場であり、日々の挨拶の場でもあった。「おはようございます」「おはよう。昨日の雨はひどかったね」「おかげで、溝がきれいになっとる」。そんな会話を交わしながら、それぞれが竹箒《たけぼうき》でザッザッと小さな溝をさらえていた。今にして思えば、朝食後の軽めの運動でもあった。

「あくすい川」は、子どもにとっては「悪水」などではない。時にはザリガニや小ブナがいた。それを見つけたら躊躇することなく靴をぬぎ、道路側の縁を両手で支えながら後ろ向きに用心して川に入った。川の両側は積み石とコンクリートでしっかり固定されているのだが、川底までは一三〇センチメートルほどの深さがある。背の低い子どもが這いあがるのはかんたんなことではなかった。それでも「あくすい川」は朝夕、社宅の子どもたちの注目の的。学校でも話題になっていた。「あくすい川」でフナかザリガニを捕まえたならば、どこかよそで釣ってきた獲物よりもはるかに価値あるものだった。

「あくすい川」は子どもたちの大切な遊び場でもあった。川を跳び越すのである。川幅は約一間《いっけん》、つまり一八〇センチメートル。小学校の高学年になれば、立ち幅跳びの要領でなんとかとび越すことができる。しかし、二メートルを軽々と跳ぶ子にとっても最初はしりごみする。川底が深いからである。もし失敗すれば、バランスをくずして不安定な姿勢で川に落ちてしまう。すると、衣服が濡れるばかりではなくケガをするかもしれない。這いあがるのも大変。そんなことが容易に想像できるから、最初の挑戦をためらう。しかし、跳び越えに成功すれば「勇気ある少年」としてみんなから認められる。さらに、自分自身にとっても誇りとなる。おとなたちが知らない所で、私たちは「少年の門」の儀式をくりひろげていたのである。

そんなことを思い出しながら「あくすい川」に沿った道を歩き、跳び越しをするのにふさわしい場所を探してみた。半世紀後の再挑戦である。しかし建ち並んだ家々の間に、そんな隙間はどこにも見つからない。見渡せば、幼稚園の運動場も、ターザンごっこをしていた山の神神《かみ》社もなくなっている。にぎやかだった子どもたちの声も聞こえてはこない。

「あくすい川」だけが昔のままに流れていた。水量も澄みぐあいも昔のままである。

「あくすい川」を眺めていると、当時の暮らしや世話になった人たちの顔が走馬灯のように浮かんで消えた。私はここで育ったのだ。

三十一棟のタカちゃん

宮原幼稚園

ものごころがついた時、私はタカちゃんと遊んでいた。

タカちゃんが社宅内にあった会社の幼児教育施設で過ごすようになった日の朝のことは、今でもおぼえている。通称「宮原幼稚園」と言っていたその施設は、社宅を貫流する「あくすい川」の横にあり、私の家からは二、三分で行けた。

タカちゃんは、はりきって園の中に姿を消した。私もいっしょに入りたかったが、一歩手前でがまんした。私はタカちゃんを見送ったあと、急いで園の北側に回ってスベリ台に登った。そこからだと、園の中の廊下が見える。教室の窓が開いていれば、教室の中まで見えるかもしれない。だが、教室の窓は閉まったまま。いつまで待っても開かなかった。

私は寂しくなった。どんなことをしているのだろうか。気になってしかたがなかった。歌が聞こえてくるかもしれないと期待し、耳を澄ませていたが、何の音も聞こえてはこない。誰も

宮原保育園の卒園式。昭和 39 年と記されている。この年をもって宮原社宅の保育園は閉鎖された。

いない静かなスベリ台の上で、私はますます寂しくなっていた。この日の記憶はそこでとぎれている。

それから一年後、私もあこがれの園生となった。広い板張りの教室の中で、スキップの練習をした。まねができないほど上手な子がいた。社宅以外の子もいたが、どういうわけかとくに仲よくなるということはなかった。オルガンを弾くトモ先生の曲に合わせて歌った。「おかたずけ」の歌を一日に何回も歌った。その日だけだったと思うが、牛乳カンテンのようなものを食べた。それまでに食べたことのないとってもおいしいものだった。

次の春が来て、私は駿馬《はやめ》北小学校に入学した。タカちゃんは二年生になっていた。

天領病院へ

小学校一年生の真冬だったと思う。私は風邪をこじらせて百日咳をわずらい、小児結核にかかってしまった。両親の失意と心配はつきなかったことと思う。クジラの肝油が効くということで、どこからか調達してくれた。味噌汁にたらして使うようすすめられた。暖かい味噌汁に油が広がると、強烈な匂いがした。のちに肝油ドロップというものが学校で配られていたが、それとはまったく別物で、せっかくの味噌汁がだいなしになるほどだった。がまんして飲もうとしたが、食べたものまでもどしてしまった。

タカちゃんだったら、どうするだろう。タカちゃんはいつも元気で、すききらいをしている姿は見たことがない。タカちゃんに助け舟を求め、両親がいない時に、肝油入りの味噌汁を吸ってもらうことにした。

「何か、かわった匂いのする」と言って、一口飲んだ。すると、「ノリちゃん、おれも飲みきらんばい」と言って、茶碗を置いた。クジラの肝油とはそういうものだった。私は両親に、「タカちゃんも飲みきらんとよ」と言いながら、クジラの肝油を断った。

炭鉱の坑外勤務の父親の給料は、坑内勤務の給料よりもかなり安かった。先端の治療などはのぞめない。保険の範囲内での治療だったと思う。助からないかもしれないと説明されたそうである。それでも私の記憶では、自分の死というものが意識できず、こわいと思ったことはなかった。ただ母と一緒に三井鉱山立の天領病院に通い続けた。

宮原社宅から天領病院までは四キロメートルほどの道のりだった。遠いけれど歩いて通った。新道《しんみち》四つ角に出て東圧《とうあつ》社宅の中を通り、片平山への道を上り、火葬場（大牟田斎場）の前の赤土の谷を下り、延命中学校と右京中学校の間を通り、国道二〇八号線と鹿児島本線を越えて行った。暑い日は、帰りに母といっしょに食べるカキ氷が楽しみだった。

バスで行くこともできた。倉掛線の新道四つ角か、あるいは勝立《かつだち》線の暖溜《ぬくたまり》（末広町）に出て、そこから大牟田駅行きのバスに乗る。そして大牟田駅で四山行きなどに乗り換えるのだ。しかしバス賃のことを考えると無理だった。

病院の小児科の診察室は二階にあった。廊下

駛馬北小学校入学式の日の著者。学生服に学生帽子で緊張していた。

には様々なうんこの写真が貼ってあった。どうしてこんなにうんこの写真があるのか不思議だった。緑色のうんこをする人もいるらしい。それを見ながら、ベンチに座って順番を待っていた。診察室に入るとミネマツ先生の問診があった。お尻に注射を打たれた。ペニシリン注射だったと思う。

月に一回くらいの割合で、胸部のレントゲン写真を撮られた。二枚の板で胸をはさまれ、「アバラ骨が出とるとに胸が厚か」とよく言われた。ミネマツ先生は眉がつりあがっていて一見こわそうだが、優しい先生だった。先生と話していると元気が出た。必ず治るという気になれた。治るまで、ミネマツ先生がいい、かわってほしくない。そう思っていた。

紙に包まれた粉薬が一日三回処方されていた。これを毎日続けなければならない。めんどうだし腹がふくれるので、とても憂鬱だった。

小学校二年生の一学期を迎えた時、自宅療養となり学校に行けなくなった。社宅の元気な仲間たちの楽しそうな声を家の中で聞いていた。タカちゃんが学校からの配布物をときどき届けてくれていた。絶対安静を言いわたされながら、通院はしていたわけだから、本当は入院すべきだったのだと思う。入院出来なかったのは家が貧しかったからである。診察のたびに、「外で遊んで回るなよ」とミネマツ先生から念を押されていた。

学校に行くこともできず外に出て遊ぶこともできない。プールに入るのもダメ。子どもにとっては牢に入れられたような生活である。父は仕事が休みの日にフナ釣りやウナギ釣りに連れて行ってくれた。私は自転車のフレームに固定された子ども用の椅子に乗っているだけでよかった。ふだんは食が細いのに、弁当箱の麦飯とスルメの佃煮がおいしかった。釣り場にはヘビがよくいた。怖かったが、父と一緒だと安心だった。

不自由な毎日の中で、心強い味方がタカちゃんだった。土曜日の午後に診察がある時には、病院に同行してくれた。タカちゃんが一緒だと、往きも帰りも楽しかった。母の声も明るかった。家に帰ると、蒸かしたサツマイモをタカちゃんといっしょに食べた。

「ノリちゃんはちょっと痩せ過ぎやん。もうちょっと食べたらって、思うとたい」

うまそうに食べながら、タカちゃんからよく言われた。

まもなく三年生という頃に、社宅事務所で体重計にのった。「十八キロ。五貫目」と言われた。私は「五貫目げな！」と言って喜んだ。つき添っていた母は、悲しそうな目で体重計の針を見ていた。

うらやましいほど元気なタカちゃんが生まれたのは昭和二十年。お母さんのお腹の中にいた頃は太平洋戦争の時代。タカちゃんはお母さんのお腹の中で、米軍の空襲から逃げ回っていた。生まれてからは食糧難。そのわりには健康でたくましかった。小学校の六年間を「皆勤賞」で通していた。

病気に縁遠かったせいか、タカちゃんは紙に包まれた飲み薬に、おおいに興味をもっていた。私はまじめに飲んでいるつもりでも忘れることが多く、薬がたまり、その隠し場所に困っていた。両親に見つかる前に、なんとか減らさなくてはと考えていた。そんな時だった。両親の目が届かぬところで、二人の思いが一致したのだ。

「ちょっと味見ばしてよか？」

とタカちゃんが言った。そして折り紙の中の粉薬を少しなめた。

少しだったら問題ないと考え、タカちゃんにまかせた。どういう名前の薬だったかは知らない。味はなく、とにかく一回分の量が多かった。タカちゃんは味見をしたあと、満足そうに言った。

「うまか！　ハッタイ粉（大麦で作った粉菓子）のごたる」

タカちゃんは、その一包を大事そうに自分のポケットに押しこみ、さらにいくつかもらってくれた。誰もが腹を空かせていた時代である。危ないとか悪いといった感覚は皆無。お互いにうまくいく。それで十分だった。

その当時、最先端の特効薬はストレプトマイシンだった。しかしそれが使えたとして、薬の副作用で聴力を失っていたかもしれない。また私の場合は、お尻への注射の打ち過ぎによる大腿筋萎縮症にかかることもなかった。その後、治療のかいあってか、「要注意」に回復することができた。タカちゃんはニンマリ。私は無限の「自由」を感じた。

十円うどん

末広町に「映劇」という映画館があり、大牟田駅に向かう途中の上官《じょうかん》町には、邦画を上映する「宇宙館」があった。子どもの入場料はどちらも二十五円。「宇宙館」の近くに「あたりや」といううどん屋があって、十円うどんが人気だった。テーブルの上のどんぶりに盛られたとろろ昆布は好きなだけとってよかった。そのせいか、「宇宙館」によく行った。

小学生が映画館に入る場合は、保護者同伴が原則だったから、タカちゃんと二人だけで「宇宙館」に入るということは、本来はあり得ないことだった。しかし一年に二、三度、土曜日の午後などに、二人だけで入ることがあった。知り合いの人で、松屋デパートなどに用がある人や、街でパチンコをするという人などといっしょに出かけ、入口で「この子たちが先に入ります」などと、ひと声言ってもらえば大丈夫だった。

嵐寛寿郎の『鞍馬天狗』、中村錦之助と東千代之介の『紅孔雀』、伴淳三郎と花菱アチャコの『二等兵物語』、大友柳太郎の『丹下左膳』、片岡千恵蔵の『忠臣蔵』、大川橋蔵の『若さま侍捕物手帖』、後にテレビで大瀬康一主演でヒットした『月光仮面』などを観ていた。

当時、テレビはまだ普及していなかった。映画館はいつも満員だった。目の前は、おとなの頭や肩ばかり。しかたがないので、一本が終了するまではそこにまぎれこんで、セリフや効果音をきき、画面の様子を想像しながらがまんして待った。入れ替わりの時をねらって前に進み、空いた席を見つけて座った。

『月光仮面』は男の子たちの人気だった。主人公のカッコよさにたちまち影響された。二枚の風呂敷をマントと覆面にして遊んだ。オートバイにみたてた自転車にまたがり、風呂敷をたなびかせながら走る子がいた。気分はもう月光仮面。おもちゃの拳銃を腰にはさんで高い所から飛び降りる。月光仮面はそうやって登場するのだ。まねて、ケガをする子が続出した。学校から「注意」のお達しが出るほどだった。

映画を堪能した後は次の楽しみ。映画館近くの「あたりや」に入る。迷わず十円うどんを注文する。テーブルの上にはサービスのとろろ昆布。注文は、いつも素うどん。これが十円。もちろん一杯では足りない。もう一杯おかわり。とろろ昆布をたっぷりのせ、一味トウガラシをほどよくふりかけて、もう一度「いただきます」。

「あたりや」のお品書きには、きつねうどん、たぬきうどん、具うどん、月見うどん、親子丼などといったものがあった。一度だけ、素うどんより十円高いたぬきうどんを注文してみた。

出されたものを見てびっくりした。うどんが隠れてしまうくらいにとろろ昆布が大盛りに。全体がふさふさのタヌキの毛。化かされた気分になりながら、これがたぬきうどんかと、感心しながら食べた。

「あたりや」ではラーメンも人気だった。毎年十二月になると、店の裏に七面鳥がつながれていた。クリスマス・イブには、この肉がラーメンの具材としてふるまわれる。宮原社宅の共同風呂でも話題になっていた。ちなみにラーメンは一杯二十五円。「うまかごたる」とタカちゃん。「食べたかね」と私。しかし「あたりや」のラーメンには縁がなかった。

うどんを食べ終わって店を出る頃には、冬場だと暗くなっていた。しかし、タカちゃんと二人だから大丈夫。心は晴ればれ。バスを待って社宅近くの末広町か新道四つ角で降りれば早く帰り着くのだが、そこは節約。片道五円のバスを見送って歩いた。かりに上官町でバスを待っていても、バスは、筑《ちく》町ですでに満員になっている可能性が高い。すると、車掌さんが「満員でーす。次のバスにご乗車ください」と言って、バスは通過してしまう。

私たちは満足しているので、足取りは軽やか。森松尚文堂（麒麟書店）の裏手にある道を抜けて、花園町で右折。山下時計店、四国酒屋、さらに濱安医院の前を通って宮原社宅をめざした。一人あたり四十五円の小さな冒険。それは私とタカちゃんにとって、自由で贅沢な時間だった。

今になって思うのだが、タカちゃんは甘いものが好きだったから、本当は「金時屋」に入りたかったのかもしれない。「あたりや」の裏手に「金時屋」というのがあった。赤飯やぜんざいが人気だった。ぜんざいは一杯二十五円。うどん二杯をがまんして、あと五円出せばぜんざいを食べることができた。しかし、タカちゃんは私が甘い物が苦手だということを知っていた。だから我慢して、「入ろう！」とは言わなかったのだと思う。

ハインズカ

タカちゃんを見習って、私も漢字の読み書きがいくらかできるようになった頃のことだった。二人でこんなやりとりをした。

「ぼくの里帰り先は、熊本県の津奈木たい。タカちゃんの里帰り先は西牟田やったよね。汽車で行くと、ハイヌヅカ駅やろう？」

「そうたい。よう調べたね。ばってん、ちょっとだけ違うとよ。ハイヌヅカじゃなかと。正しくはハインヅカげな」

「どげん違うとね。羽犬の塚のことやろうもん」

「うんにゃ。ばあちゃんの言いよらしたばってん、犬のこっじゃあなかげな。だけん、ハインヅカて言う方が正しかげな」

「そげん言うたっちゃ、汽車の駅は、漢字で羽犬塚ってなっとるよ」

「そげんたい。駅の名前がそげんなってしもうたけん、しよんなかーて、ばあちゃんが言いよらした」

その時の会話はそれで終わった。

インは犬ではないらしい。どういうことなのか。

私はモヤモヤしていた。まるで魚の小骨が喉にひっかかった感じ。気になってしかたがない。

社宅の共同風呂で、物知りのお兄さんやおっちゃんたちにきいてみた。

「えらいややこしかこつばきくね」

返事はそれだけで、誰もまともに考えてはくれなかった。

何日かたって、タカちゃんにあらためてたずねた。

「ハインヅカの意味は、やっぱりわからんとね」

「わからん。わからんまんま。ばってんノリちゃん、世の中にはなぞが山んごつあるげな。なぞはなぞでよかやんね。そりけん人生はおもしろかつよ」

タカちゃんはそう言って笑った。

理解できないことがあったとしても、それはそれ。いつかわかる時が来るだろうということ。人生、何があってもへのかっぱなのだ。タカちゃんはいつも前向きだった。

懲《こ》りない少年

夜汽車の見える部屋

門司から鹿児島への国道三号線は、大牟田を通らず山鹿《やまが》を通って熊本へ向かう。熊本県南の日奈久《ひなぐ》を過ぎると三太郎峠の坂道にさしかかる。まず、肥後田浦《たのうら》までの赤松太郎峠。次に海浦《うみのうら》から佐敷《さしき》までの佐敷太郎。さらに湯浦《ゆのうら》から津奈木《つなぎ》までの津奈木太郎。かつては、つづら折りの砂利道が続く難所だった。自衛隊のトラックや産交バスなどがひっきりなしに通るので、道路には深い轍《わだち》ができ、自転車だと車輪がその轍にはまりこむほどだった。鹿児島本線はトンネルを掘って敷設されていた。車の通行量が多くなると、国道にもトンネルが掘られた。

私が幼かった頃は、まだ蒸気機関車の時代だった。急勾配の線路にさしかかった機関車は、ゆっくりだが黒煙を激しく噴き出しながら、シュッシュッ、ボッポ。シュッシュッ、ボッポ。力強い断続音を響かせ、ゆっくりと上っていた。

父の実家は国道三号線に面していた。棚田の中腹を鹿児島本線の線路が走っていて、通過する客車や貨物列車がよく見えていた。津奈木駅を出発する機関車の汽笛が聞こえていた。就学前の頃だったと思う。私は従弟《いとこ》たちとそれを見るのが好きだった。朝から日暮れまで、庭や道路や田んぼや畑であきることなく見ていた。

トンネルを抜けて水俣方面に向かう下り列車は、滑るようにして通過していく。しかし、上りの三太郎峠に向かう列車はあえいでいた。子どもの自分たちでもとび乗れると思えるほど、ゆっくりゆっくりとした進みだった。

その頃、道に街灯などはなかった。夜になると外はまっ暗。家の周りはすべて闇。月が出ていれば山の端《は》がそれとわかるが、新月の闇夜は、自分の足元と道との区別がつかない。懐中電灯などはなく、夜道での明かりとりにはロウソクを立てた小さな提灯を使っていた。少し離れた親戚の家からの帰り道、私はあわてていて転んだ。提灯に火がつき燃えあがった。その直後、闇に包まれた。足先で道をさぐりながら帰った。そんなことを覚えている。

しかしそうした闇は、蒸気機関車見物のかっこうの舞台にもなっていた。上りの列車が急勾配にさしかかると、機関車の罐《かま》の焚口《たきぐち》が、機関手によって開かれる。すると運転席が赤く輝き、闇に浮かぶ。罐には燃料の石炭が次々とくべられる。その様子が遠くからでもよく見えた。機関手と運転手の動きは、まるで影絵だった。そしてその影絵は、やがてシュッシュッ、ポッポの響きを残しながら、闇の中に消えていた。

機関車を見るための客席の一つが、父の実家の真ん中の部屋だった。しかしそこにはいつも、ひいばあさん（曽祖母）のタキさんがいた。縁側があって、冬は暖かい陽がさしこんでいた。記憶の中のタキさんは、白っぽい浴衣《ゆかた》姿で、いつも横になっていた。立てない体だったのだと思う。どちらかと言えば寡黙で、何かを語ってもらったような記憶はない。いつも家族の誰かが、お茶や食事を運んでいた。私もご飯茶わんを運んでいた。おかわりの茶碗にいくつもの飯粒がついていた。

駅を発車する機関車の、ボォーという音が聞こえると、私は上りの列車を見たいので、お茶運びを口実にタキさんの部屋の縁側に急いだ。そんな時、タキさんは何となくこわい感じだった。しかし行儀よくしていれば縁側に置いてもらえた。夏の夜には、タキさんは蚊帳の中にいた。縁側から見る夜汽車は、どこか遠い魅力的な世界に向かっているようで、何回見ても楽しかった。たいした用がなくても、懲りずに口実を考え、縁側に座らせてもらっていた。

浮き輪

大好きだった「ジープおっちゃん」が、島原での仕事が決まり、三池港の波止場から升金丸《ますきん》で行ってしまった。私たち家族はいつまでも手を振りながら別れを惜しんだ。大切な家族が一人去ってしまったみたいな寂しさにつつまれ、私は家に帰ってからも泣いていた。

ものごころがついた頃はすでに、私の家にはその若いおっちゃんが出入りしていた。同じ社宅の三十四棟に自分の家があるのに、過ごす時間は私の家での方が多かったのではないだろうか。理由はよくわからなかった。おっちゃんはジープの絵が上手でよく描いてくれた。だからだと思う。私は「ジープおっちゃん」と呼んでいた。

映画に連れて行ってもらったり、野菜売りの車に乗せてもらったり、宿題をみてもらったりしていた。ジープおっちゃんは軍人さんみたいに短気で、簡単な問題をまちがうと、おでことか鼻とかを指ではじかれた。涙が出るし、これはいやだった。特攻隊の生き残りだったと聞いていた。

大牟田の西には有明海が広がっている。対岸には雲仙が聳《そび》え、天気がいい日には高台から島原市や太良町が見える。島原港と三池港間に定期航路が通い、当時の往来はにぎやかで、大牟田駅間を往復するバスはいつも満員だった。客船には、雲仙丸と升金丸の二隻があった。

ジープおっちゃんは三池港近くの四山《よつやま》坑で働いていた。波止場のことに詳しく、港にはよく連れて行ってもらった。渡船場近くになると、海岸にタイラギの貝柱を取った残りの臓物（通称ワタ）が山積みされていて臭かった。

対岸の雲仙は全国的に知られた観光地で、「地獄」と呼ばれる遊歩道には、映画『君の名は』のヒロイン・岸恵子が寄りかかったとされる「真知子岩」があった。記念撮影の場として知られていた。

当時は、大牟田駅から三池港に行くバスは、三川町五丁目の先まで行って四山の海側をぐるりと回った。その後、三川町五丁目から来た道に合流し、三池港の外港左岸に向かった。渡船場の位置そのものが、現在とは反対側にあった。

三池港行きのバスは、なぜこのように遠回りをしていたのか。理由は、円を描くようにのびたいわゆる炭鉱電車（三池炭鉱専用鉄道）にあった。炭鉱電車は大牟田と荒尾の鉱山や関連工場を結びながら、三池港につながっていた。

炭鉱電車の線路と道路が交差する場合、場所によっては道路が線路の下をくぐる。そのために車高が高いバスやトラックなどは、通り抜けができない所があった。三川町を通過する線路の下がそうだった。したがって、バスは迂回して波止場に向かっていた。

小学校二年生の一学期を自宅療養で過ごしていた私は、満足に遊ぶことができずにいた。そのことを両親やジープおっちゃんは不憫に思ってくれていたようである。夏休みが来た時、浮き輪を買いに連れて行ってもらった。欲しかった浮き輪なので、私はうれしくて、胸に抱いて家に帰った。玄関に入ると、靴をぬぐのももどかしかった。さっそく上半身裸になり、畳の上で何度も何度も泳ぐまねをした。畳の上はいつのまにか、私にとっての三池海水浴場になっていた。

南荒尾にも海水浴場があったが、大牟田で海水浴に行こうと思えば、まず三池海水浴場だった。三池港の北側にはほどよい砂浜が広がり、海の家もあった。浜には砕けた白い貝殻がびっしり広がっていた。夏には大牟田駅から三池海水浴場行きの臨時バスが出ていた。当時の大牟田は三池炭鉱で栄え、ベビーブームの時代でもあった。臨時バスはいつも満員。そんななか、宮原社宅に貸し切りバスが出るという知らせが届いた。

三池炭鉱の社宅では、会社の福利厚生事業というのが行われていた。共同風呂のほか講堂で十円映画が上映されていた。倶楽部《くらぶ》という建物の一室には卓球台が置かれていて、子ども向けの習字教室も行われていた。石炭の売れ行きがよかった時には、秋には、社宅ごとに運動会が開催されていた。貸切バスでの小旅行もあっていた。社宅ぐるみの三池海水浴場行きは、こうした事業の一環だったと思われる。

三池海水浴場行きのバスは、新港町社宅前で左に大きく曲がる。あとはほぼ一直線に進むのだが、舗装されておらず、バスや石炭運搬のトラックが通ると、もうもうたる砂埃をかぶった。そんな道が延々と続く。ときどき自転車が通るが、夏の太陽に照らされながら歩く人はいなかった。あまりの遠さと暑さに悲しくなり、歩いている目的まで蒸発してしまいそうになるからだ。

三池海水浴場は遠浅で、泳ぐことができるのは満潮時。しかも風が出るとたちまち濁ってしまう。特に西や北からの風には弱い。しかしその日は運良く、海原は青々と広がっていた。沖の方には安全の範囲を示す赤い旗が点々と見えていた。

私は行く前からひそかに一つの計画を立てていた。それを考えると、もう心はそわそわ。世話係の人の注意も、親や近所の人たちの言葉も、私の耳には右から左へ抜けるばかり。命にかかわる大切なことも、聞いてはいなかった。

「では、解散！」の声で、脱いでいた服を親に預けると、浮き輪を肩に親友のタカちゃんと一目散に砂浜へ。そして、さっそく計画を実行することにした。

「タカちゃん、赤旗のところまで行くばい」

「なんば言いよっとね、ノリちゃん。あぶなかよ。やめとかんね」

「だいじょうぶよ。浮き輪があるけん」

といった具合。私に迷いはなかった。浮き輪に絶対の信頼をよせていた。

私は好奇心をふくらませ、赤い旗をめざした。きついという感覚はまったくなかった。快適だった。そして、ついに一人で赤い旗の竹竿の所に着いた。

〈もし浮き輪に穴が空いていたら〉

なんてことは、頭になかった。すでに海底には足が届かないのに不安感は皆無だった。ただ、体が潮で流されるので、赤旗の竹竿にしっかり掴まっていた。有明海の潮流は速くて強いということをこの時、初めて知った。足のあたりに冷たい流れを感じた。知らぬが仏とはこのこと。岸辺にいる人たちがこちらを見て騒いでいた。騒ぎの原因が自分にあるということがわかった。

しかし自力で戻ることはできない。竿を手放せば潮に流される。私は竹竿にしがみついた。すると、誰かがこっちに向かって泳いで来るのが見えた。ジープおっちゃんだった。私のそばに来て言った。「つかまっとけ、はなすなよ」

私はおっちゃんの胸のあたりにしがみついた。浜に着いたら、しかられる。覚悟していたところがである。浮き輪の記憶は、なぜか、いつもここで消えるのだ。みなさん、ごめんなさい。

息ができない！

三年生への進級は難しいだろうと噂されていたそうだが、幸いにも進級することができた。ただし、体育の時間は見学という条件付きだった。それでもみんなといっしょに外で遊ぶこ

事務所のあたりから山の神神社方面を見る。奥に神社のイチョウの木が見える。左の平屋は26、27、28棟。

とができる。私にとっては、天にも昇るほどの喜びだった。

社宅の南には山の神神社（通称やまん神）があった。晴れた日はよくそこで遊んだ。木登りや狛犬《こまいぬ》登りをした。祠《ほこら》を守る左右の狛犬が、石作りの台座の上でにらみを利かせていた。これに登るのだが、子どもにとっては高すぎて一人では登れない。誰かに後ろから腰のあたりを抱き上げてもらわなければならなかった。

タカちゃんが支えてくれた。タカちゃんは私にとってはお兄さんそのものだった。「それはあぶなか」とか、「あれはよくなかった」とか、「こっちの道を通った方がよか」とか、いろいろ教えてもらっていた。にもかかわらず、私はしばしばタカちゃんの忠告を聞き流し、暴走していた。

夏休みに入り、私はしばらくのあいだ熊本県南の母の実家で過ごすことになった。

鹿児島本線大牟田駅で各駅停車の下り列車に乗る。

当時、大牟田駅には二階があった。そこが食堂だった。現在の改札口の左手前に階段があった。上がり口のところに陳列ケースの棚があった。カレーライス、オムライス、親子丼にチャンポン。どれもしゃれて見えた。「あたりや」のうどんに比べると割高という感じだったが、いつかは食べてみたいと思っていた。大牟田は人口が二十万人を越える大きな街だから、駅はそのうち三階建てになると聞かされていた。

蒸気機関車が轟音を響かせながら、プラットホームに入ってくる。列車は熊本駅や八代駅でかなり長い時間、通過待ちをする。着くまでに五時間近くかかっていた。熊本や八代では駅弁が売られていた。真白い米だけのご飯だった。薄板の蓋についた飯粒までおいしかった。これを買ってもらうのが楽しみの一つだった。駅弁には陶器に入ったお茶がついていて、蓋がコップだった。

日奈久を過ぎるあたりから、右手に青い海が見えるようになる。何度も短いトンネルをくぐる。左手にはみかん畑が広がり、『みかんの花咲く丘』という歌はこの景色から生まれたと思っていた。トンネル近くになると、汽車がボッと短い汽笛を鳴らす。これを合図に乗客は一斉《せい》に窓を閉める。燃えた石炭の粉が車内に入らないようにするためである。トンネルを出ると、またボゥと鳴る。窓を開けてもよいという合図である。窓を開けて景色を見ていると、機関車から吐き出される石炭の粉がよく目に入った。ハンカチの端をちょっと濡らして、とってもらっていた。

母の実家では、親戚の年上のお兄さんが私の遊び相手をしてくれた。水中メガネと水中鉄砲の使い方を教えてもらった。毎日のように川で遊んだ。両手に水中鉄砲と水中メガネを持って十分ほど歩いた。川の流れは澄んでいて美しかった。大牟田のことしか知らない私は、川は濁っているものと思いこんでいたので驚きだった。

大牟田市の繁華街を縫うように流れる大牟田川は、日によって色が変わっていた。工場の排水路のようなもので、鼻をつく臭気が周辺に漂っていた。橋の上に立つと目が痛くなる。比較的きれいと言われていた馬込《まごめ》川も川の底までは見えない。水中メガネをつけて潜るなんて考えられないことだった。また、そんなことをする人もいなかった。

母の実家の川に潜れば、岩と岩のすきまにナマズの顔が見えた。フナがゆっくり動いていた。アユもいた。アユの動きは速い。水中鉄砲で狙うのはむずかしい。短い竹竿の先に鉤《かぎ》針を付けて、アユが通過するところを引っかける。お兄さんからそう教わったが、潜ったまま待つのは息が続かないし、私にできることではなかった。

川に行く時、裸足だと道の小石をふんで痛いので藁草履《わらぞうり》を借りて行った。その日はお兄さんの学校は出校日だった。私はお兄さんの帰りを待ちきれず一人で川に行った。水中のナマズやフナを探しながら、川下から流れにさからうように移動していた。狭い木橋があった。ここでは、いったん土手に上がってまわるようにと、お兄さんから教わっていた。

しかし、土手に上がればヘビがいる。しかもどういうわけか、一人の時にかぎって大きいのに出くわすのだ。マムシだったらなおこわい。だから、なるべくなら土手に上がりたくなかった。潜ったまま進んだところで問題はなさそうだと考えた。私は水中メガネを当てなおし、手に水中鉄砲をにぎって息を吸い、水中に身を沈めた。

潜ってみると思ったより流れは強く、うつ伏せの体が流されそうである。それでも息を止め、川底の石に手をかけながら川上へ進んだ。すぐに目の前が明るくなったので、しめた！　と思い頭を上げた。ところが、ゴン。まだ橋の下だった。

「息ができない！」

そう。この木橋は水面すれすれの位置にかかっており、息をしたくても頭がつかえて顔が上がらない。私は混乱した。どうすればよいか判断できなくなった。

「ウワー、死ぬー！」とあわてた。

こんなところで死にたくはない。私は川底の石をかきむしるようにつかみながら、必死に前へ前へと進んだ。気がついたら、木橋にもたれあえいでいた。

なんとか木橋の上流に出ることができた。助かったのだ。よかった。苦しかった。私はぜいぜいしながら、お兄さんに言われていたことの意味を納得していた。しかし、手元に水中鉄砲はなく、水中メガネのレンズもなくなっていた。

水中鉄砲は下流で見つかったが、水中メガネのレンズはいくら探しても見つからなかった。川は何事もなかったかのように静かに流れていた。フナの動きもアユの動きもいつもの通り。私はすでに、水中鉄砲でナマズを撃つ気力をなくしていた。しかたなく家に戻ることにした。帰りながら、途中で草履をはいていないことにも気づいた。どこで脱いでいたのかも忘れていた。

私は言いわけをしながら、母の前で小さくなっていた。

だが懲りない子どもはこの時も、心はどこか上の空。忠告を聞き流したことへの反省を忘れ、自分に都合のいいことばかりを考えていた。

〈あの時、力を抜いて流れに身を任せていたら、木橋の下からはすんなり抜け出せた。そうすれば楽に息つぎができた。死ぬような思いをすることはなかった。水中メガネをなくすこともなかった。考えが足りなかったのだ〉

私の反省はこの程度のものだった。だからなのであろう、またしても親や周りの人が困るようなことをしでかすのである。

下り坂はブレーキなしで

人が、生命の危険を前もって察知し、事前に回避するようになるまでには時間を要する。失敗もふくめていくつも経験し、確かめたり、ふりかえったり、見聞を広めるという過程を経なければならないのかもしれない。年上の兄や姉がいるならば、その人たちがモデルとなり、そうした感覚は早いうちから身についていく。暮らしの中のさりげない会話から学ぶことも多い。しかられ注意されても懲《こ》りない私は、しばらく静かにしていたものの、以前から疑問に思っていたことを自分で解決すべく、その実験とでもいうべき絶好の機会の到来を、心待ちにしていた。

疑問というのは、自転車に乗っている人が坂を下り始めると必ずブレーキをかけるという現象である。下り坂ではギーギーという音がする。父親の場合もそうだった。乗せてもらいながらいつも不思議に思っていた。

ブレーキをかけずにいっきに下れば、ペダルを踏まなくてもより遠くまで移動できるのではないか。そんな疑問だった。タカちゃんや近所のお兄さんたちにたずねると、

「危なかけんたい」

という返事が帰ってくる。

でも、どんなふうに危ないのか。そこがあいまいで、私は納得できないでいた。疑問を解くためには、自分で運転し確かめる必要があった。四年生の秋頃から自転車乗りの練習ができるようになった。当時は一軒に一台のおとな用の自転車があれば、それなりの暮らしだった。現在では、一軒に一台の自動車。あるいは一人に一台の自動車になっているが、当時はそんなふうになるなんて考えることさえできなかった。子ども用の自転車などは贅沢品の時代だった。

したがって、練習はおとな用で行うしかなかった。みんなそうだった。初めは「スケーター」という乗り方に慣れること。自転車の左側に立ち、両手でハンドルを持って、左足をペダルに置き、右足でステップを踏みながら進むのである。バランスをとるのがむずかしいから、すぐに止まってしまうか、向こう側に倒れてしまう。少し向こう側に傾けながらステップをふめばうまくいくのだが、言われ励まされても、この要領がなかなかつかめない。失敗するとこわいし、みんなが笑うからよけいにあせってしまう。誰も見ていない時に練習を続けた。

次の段階は、通称「三角乗り」。仮に、うまく乗れるようになったとしても、サドルにまたがればペダルに足がとどかない。だから、フレームのパイプが三角になった部分に右足を入れ右側のペダルに足を置く。不自然な姿勢だが、慣れればこれで十分踏みこめる。そしてけっこう走る。いわば自転車の変則乗り。子どもにとっては流行りの乗り方でもあった。ただ、この段階まで到達するには、何度もころんだり壁にぶつかったり。かすり傷があちこちにできるくらい練習する必要があった。

そして私は自転車に乗れるようになった。さっそく実験してみることにした。土曜日の午後だった。タカちゃんにも秘密にしていた。ゆずってもらった中古の子供用自転車にまたがった。

三角乗り

駛馬《はやめ》天満宮前から南への道は百メートルほどの下りになっていて、人通りが少ない。車もあまり通らない。私はもうワクワク。うまくいったら、実験結果をまっさきに父親に知らせ、タカちゃんに報告するつもりでいた。

少し手前からペダルを強くふみこんだ。その勢いで下り坂へ。予定通りの加速である。よし！　と、さらに加速。しかし、さあ行け！　と思ったその時、小石をふんだ感触と同時に私は自転車もろとも宙にとんだ。そして次の瞬間、砂利道にズデーン。運良く大ケガにはいたらなかったものの、自転車のハンドルがグニャリ。

近くに、畑仕事をしていたおばさんがいた。

「だいじょうぶかね？」

と心配顔で声をかけてくれた。

私はかっこうがつかないので、「大丈夫です」と言って、その場をさっさと離れた。痛みをこらえ、自転車を押しながら「なるほどなあ」と納得していた。

バイクや自動車には、ショック・アブソーバーという部品が仕組まれている。それによって悪路でのバウンドにもたえるようにしてある。しかし、自転車にはその仕組みがない。私はそのことを知らなかった。多くのおとなたちもそこまでは知らなかったのではなかろうか。経験を通し、安全運転のためにはブレーキをかけることのほうが賢明だと、みなが心得ていたのであろう。

とりあえず私の疑問は解けた。そして納得できた。しかし、実験で失敗したことに懲りたわけではなかった。

台車、吹っ飛ぶ

懲りない少年というのは、興味関心の方が想像力を圧倒してしまい、ついついやってしまうのかもしれない。今度は、レール上に停車していた台車を吹き飛ばしてしまった。

やはり、四年生の時だったと思う。日曜日だった。父は出勤して仕事場にいた。私はタカちゃんを誘って父の仕事場に遊びに行った。灰色のレンガ塀に囲まれたその場所に入ると、右手に事務所があった。そこには山をえぐるようにして造られた危険物の保管倉庫があった。通常は外部の人は入れない場所だった。

鉱山で使用されるダイナマイトや電気雷管などが、ひんやりした保管庫に積み上げられていた。レールが敷かれ、炭鉱電車の線路とつながっていた。貨車から木箱がおろされていた。木箱は運搬用の台車につまれ、台車は人力で動いていた。

上り坂は複数の人たちがロープで引き、後ろから数人が素手で押すという運搬法だった。途中にトンネルがあり、そこを抜けると谷間で、レールは谷間にそってT字にのびていた。トンネルを出た所に鉄の回転盤があった。そこは台車の向きを変える所。レールは左右にのび、レールと直角に大きな保管庫が掘られていて、保管庫には大きな錠前がかけられていた。

トンネルを出た左の方に作業場があった。同僚の人たちにまじって、父がダイナマイトに鉛筆で数字を書き込んでいた。ダイナマイトは外郎《ういろう》みたいで、バナナをまっすぐにしたような形をしていた。ダイナマイトだけではマッチで火をつけても燃えない。もちろん爆発もしない。爆発させるためには電気雷管が必要。そんな話を聞き不思議だった。

作業場の先のレールが切れたあたりに階段があった。階段は丘の上の事務所まで続いていた。事務所の一室にだるまストーブがすえてあり、そこがお昼の弁当を食べる場所になっていた。卓球台が置いてある広い部屋もあった。事務所の庭に出ると眺めがよかった。晴れた日には有明海が見えた。空気が澄んでいる日には対岸の島原市が見え、島原鉄道の列車が確認できた。

おとなたちにとっては昼休みの時間帯だったと思う。私はタカちゃんと二人で空っぽの台車で遊んでいた。レールの上の台車を行ったり来たりさせていた。台車では遊ぶなと言われていたので、このことは父には内緒にしていた。

〈台車はスピードが出過ぎると、何らかの仕掛けが働きブレーキがかかる〉

遊びながらそんなことを勝手に考えていた。しかしこの大切な部分の観察を、私はきちんとしていたわけではなかった。つごうよく考え、分かったつもりでいた。それが大きな間違いのもとだった。

台車を行ったり来たりさせているうちに、違う動かし方で遊びたくなった。台車が回転盤の上にのった時、私はいったん台車から降りて向きをかえはじめた。タカちゃんが心配そうに言った。

暴走する台車

「やめとったが、よかっじゃなか」

「大丈夫。してみるたい」

と言いながら、二人で台車の向きを直角にかえた。押せば台車は下り始める。少したためらった。しかし、やってみたいと思った。タカちゃんもその気になった。二人で台車を押した。台車はまるで生き物のように静かに自走し始めた。いっしょに台車にとび乗った。台車のスピードが上がっていく。またたくまに予想以上の速さとなった。トンネルの入り口が近づいた時、タカちゃんがさけんだ。

「危なか。ノリちゃん、おりれ！」

そしてタカちゃんはとびおりた。ところが私は乗ったまま降りなかった。かならずどこかで停止する。そういう仕掛けになっていると信じていたからである。

台車は音を立てながらトンネルを抜けた。まもなく終点である。終点の高く盛りあがったレールの手前に、もう一台の台車が見えた。それがみるみる近づいてきた。止める仕掛けは、どれ？　どこ？　と必死で探した。しかしいくら探しても見つからない。そして、そのままとまっていた台車にドガーン！

気がつくと、盛りあがったレールが目の前にあった。その向こうに、もう一台の台車が車輪をあらわにひっくり返っていた。私は驚き動くことができずにいた。その音に仕事場の人たちが駆けつけていた。「だいじょうぶか」と口々に案じてくれた。父親もいた。父親は黙ったままだった。とんでもないことをしたと思った。大切な仕事の邪魔をすることになってしまい辛かった。恥ずかしくて、私は台車の上で小さく縮こまっていた。

はぜまけ事件、出血縫合

宮原社宅で暮らしていた時代の遊びは外だったし、誘えば誰かがいた。車の事故の心配はなく、誘拐を警戒する必要もなかった。自然の変化のなかで遊んでいた。痛いとか危ないとか、楽しいとか嬉しいとか悲しいとか寂しいとか悔しいとか、そんな感覚や感情をたくさん体験しながら遊んでいた。

五年生の冬だった。時代劇にのぼせていた私たちは「集団はぜまけ事件」を起こした。

宮原社宅に住む六人のグループで、チャンバラ用の刀を作ろうと出かけた。それぞれが肥後《ひご》乃守《のかみ》（小刀）をポケットに入れて、延命公園の林のなかに入った。季節がらヘビは出ない。安心して歩き回った。私が一番年上だったが、とくに情報を持っていたわけではなかった。めいめいが当てずっぽうに移動しながら探した。しかし、目当ての竹がみつからない。私はあせり始めていた。

目にとまったのが、節がなくスッと伸びた木の枝だった。チャンバラの刀にはもってこいだと思った。かっこうの木を見つけ、探せばあるものだと私はウキウキ。みんなに声をかけ、手分けして作業にとりかかった。

肥後乃守で切り落とし、柄になる部分を残して皮をはいだ。さらにゴシゴシしごいた。汗が出るので、その手でぬぐった。時間をかけ、長短二、三本ずつ作った。オシッコをしたくなり立ち小便をした。ある程度仕上げたところで社宅に凱旋し、「明日は『丹下左膳』をやるぞ」と気勢を上げて解散した。

しかし、喜びはその日だけだった。翌日から、私を含め六人とも強い痒みに悩まされ、がまんできずに臼井《うすい》にあった天領病院の分院へ行った。全員「はぜまけ」と診断された。注射を打たれ飲み薬をもらった。風呂に入ると痒みがました。あまりの痒さにさけびたくなった。

「あんたがおりながら、ハゼの木ば切ったげなね。なんちゅうこつね」

と、何人かのお母さんたちからうらみごとを言われた。

「ごめんなさい」としか言えなかった。

日に日に顔が腫れた。学校を休む者まで出た。どこまでもひどくなるのでこわくなった。学年末の記念写真を撮る日になっても、腫れはひかなかった。別人のような顔で学級写真におさまった。一月以上通院し、やっと治った。数カ月経ってから、その時の写真を見た。もう一人の自分がいるようで不思議な感じがした。周りに迷惑をかけたことへの反省はどこへやら。私は実験に失敗したぐらいにしか思っていなかった。


六年生になった。それまでの経験と見聞から、危険の予知はある程度できるようになっているはずだった。しかし、またしてもやってしまった。ゴム糸を巻き、それを動力にしてとばす竹ひご飛行機に熱中していた時、私は再び騒動をおこしてしまった。

秋の運動会が日曜日にあって、その振替の日だった。まさに天高く馬肥ゆる秋。晴天に恵まれ、飛行機とばしには絶好の日和。私の自作機の名前は「オタンチン号」。改良に改良を重ねたかいあって、バランスよくとぶようになっていた。心が躍った。近所の友だちに声をかけ、すべり台のある広場でとばすことにした。年下の子が数人集まってくれた。

偶然なのだが、オタンチン号は高く上がるとうまいぐあいに旋回する。追いかけなくてすむので、見ていて楽しい。そこが私の自慢でもあった。さて、準備開始。プロペラを回すゴム糸を、胴体となるヒノキ棒の尾翼あたりのフックに掛け、針金の手まわし器でぐるぐる巻きながらねじっていく。ねじりの反転が動力となる。ある程度ねじったところで、プロペラの方のフックにかける。この時、プロペラが空転しないよう一方の手でプロペラを動かないようにしておく。これで準備完了。

オタンチン号は、みんなの拍手に送られながら青い空に舞いあがった。予定通りに旋回し再び拍手がおきた。ところがここでハプニング。社宅の屋根の一番高いところの瓦に引っかかってしまったのである。「ああっ」とため息がもれた。私はまさかと思って、沈黙。

瓦屋根の上は禁断の場だった。どんな悪ガキものぼらない。見つかったら、おとなからたたかれる。しかし、オタンチン号をそのままにしておくわけにはいかない。どうしたらいいか考えた。そして裸足になった。周りのみんなは私を止めた。みんなが止めるのもきかず、私は自転車小屋を足場にして瓦屋根にのぼった。案外かんたんだった。見つからないうちにオタンチン号を持っておりようとした。瓦屋根から素早く自転車小屋の屋根に移った。

事故はここで起きた。小屋の屋根は瓦ではなくいわゆるスレート。雨には強いが重みにはも

社宅の通称「自転車小屋」。実際はコークスを運ぶうば車小屋。手前に屋根付きの共同水道があった。

ろい。のっても大丈夫なのは梁《はり》の上だけ。それとは知らぬ私は、梁《はり》と梁の間のもろい部分の上に降り立ったのである。次の瞬間に、ズボッ！　気がつけば暗い小屋の中にいた。

小屋の引き戸を中から開けたら、みんなが私を見てわっと泣き出した。すぐには理由がわからなかったが、私の顔と手は血だらけになっていた。スレートの破片で頭と眉間《みけん》と腕に傷を負っていた。誰かが、三番方勤務だったヨシダさんに連絡してくれたようで、自転車に乗せてもらって、会社の臼井分院へ連れていってもらった。

縫合が必要ということで外科にまわされた。出血の具合はそれほどではなかったようで、輸血騒ぎまでにはならなかった。それでも手術台に寝かされた。縫合というのは針で縫うことである。詳しく知っているわけではなかったが、指の先などの末梢神経が走っている部位を縫ってもらう場合は痛むので、麻酔注射を打ってもらうという話を聞き知っていた。

「麻酔を！」と私は騒いだ。

「へえ、生意気やね。麻酔を知っとったかい」と外科医。

すぐに頭と眉のあたりの縫合が行われた。

「次は腕だ。ここは少し痛むかもしれんな。麻酔はしとったぞ」と外科医。

「はっ？　いつ？　どんな麻酔？」と私が自問している間にもチクリ、チクチーク。

「痛！」と唸る私。

「なにい。痒い？」と外科医。

「ちがう。痛かったい！」と私。

やがて縫合が無事終了。薬の処方箋を書き終え、外科医が私に一言。

「こげなケガに麻酔がいるか。運んでくれた人に、しっかりお礼ば言うとけ」

私は「……」。待機してくれていたヨシダさんに、頭を下げた。

水中鉄砲

小学生最後の少年野球大会が終わり、私はたまっている宿題をしたり社宅のプールで遊んだりしていた。タカちゃんは、中学校の部活に精を出していた。

二学期が始まる前にやっておきたいことがあった。母の実家近くの川で使っていた水中鉄砲の改良である。使っていたものは、ゴムの力でモリの先を十五センチメートルほどはじく仕掛けになっていた。岩の間のナマズみたいに、じっとしている獲物はすぐ近くまで水中鉄砲を近づけても逃げない。だからこれで十分だった。しかし、近づくと警戒して逃げるフナのようなものを狙う場合は、もう少し離れた所まで届く仕掛けが必要だと考えていた。

どうすればいいかという具体的な策があったわけではないが、改良できるはずだと思った。水中鉄砲の筒となる部分には竹が使われ、モリには自転車のスポークのようなものが使われている。竹筒の先端にはモリの動力となる強いゴムが固定されている。スポークの一方を鋭くとぐ。片方を三センチメートルほど直角に曲げ、曲げた部分をゴムにかけ、引っ張ったまま倒して固定する。この部分を立てれば、ゴムの力でモリが瞬時に動き、先端で止まるという仕掛け。

これがいつもの水中鉄砲の仕組みだった。

いっそのこと、モリが竹筒からとび出してしまうようにしたらどうかと考えていた。もちろん水が濁っている大牟田あたりの川では使えない。さらに、注意して使わないと危険でもある。見本があるわけではなかったが、工夫してみようと意欲満々だった。

近所に住む中学三年生のマーちゃんに、このことを話した。ふだんはいっしょに遊ぶことはないけれど、マーちゃんは私の話をきいてくれ、おおいに関心を示してくれた。社宅の共同風呂で会うたびに、「できよるか」と声をかけてくれた。がんばろうと思った。

そして夏休みが終わる頃、ついにとび出す水中鉄砲の試作に成功した。人がいない場所を探した。山の神神社あたりがいいと思った。完成を期待していたマーちゃんにも知らせ、先に行って実験することにした。発射の仕掛けには、梃《てこ》の原理を応用した。うまくいきますようにと祈った。誰もいないことを確かめて発射した。モリが飛んで赤土に刺さった。ナマズを仕留めるほどの威力があるかどうかはわからないが、予想通りの出来栄えに心がおどった。

そこへマーちゃんがやってきた。

「できたごたるね。かしてんか」と言って、私の試作品を手にとった。使い方を説明した。くれぐれも気をつけて使うように言った。マーちゃんは石垣をちょろちょろしているトカゲに目をつけた。モリの先が石垣に当たると曲がるので、止めてほしかったが、マーちゃんはトカゲを狙って発射した。モリはトカゲに命中した。マーちゃんは驚いていた。実験は成功。マーちゃんも納得。そこまでと思い、マーちゃんに返すよう催促した。しかし興奮ぎみのマーちゃんは、もう一回と言って、別のトカゲに狙いをつけた。その時だった。後ろで声がした。

「おまえたち、なんばしよっとか」

ふり返るとお巡りさんだった。巡邏《じゅんら》中だったのであろうか。こわい顔をして立っていた。

「何もしよらんよ。水中鉄砲のたしかめばしよったと」と私が言った。

「それは、お前んとか。ちょっと事務所まで来い」とお巡りさん。

うむを言わせぬ勢いに圧倒され、私とマーちゃんは黙って社宅事務所について行った。

「こん子たちは、社宅の子ですかね」とお巡りさんがたずねた。

「ああそうですが、どうかしたっですか」と事務所の人。

それからしばらくのあいだ、お巡りさんと事務所の人とのやりとりがあった。

「こげんかもんば扱うと、危なか。わるさする前に、注意しとかんとですな」

「そういうことですか。べつに危なかこつば、しよったわけじゃなかとでしょう」

「そりゃそうばってん、いちおう調書だけは取らせてもらいますけん」

というわけでマーちゃんは帰され、私だけが事務所前に連れ出された。そして水中鉄砲のモリが、どれくらい飛ぶかの実験が行われた。水平に発射して四メートル。お巡りさんが手帳に記入していた。その後、水中鉄砲は没収されず、私の手にもどった。

「もう、危なかこつはするなよ」

と念をおされながら放免されたが、私は、腹の中でさけんでいた。

〈何も危ないことはしとらん〉

父や母には黙っておくことにした。

二学期の始業式の朝がやってきた。私が通っていた小学校の児童数は二千を越え、全員が入れる講堂や体育館はなかった。始業式など全校での集まりは校庭で行われていた。

校庭は残暑の日射しに照らされていた。教室にいた私たちは時間になったので校庭に出た。その時だった。担任の先生から指令台の近くにいるように言われた。何でだろうと思いながら、指令台の後ろの方に立っていた。

校長先生の話が始まった。いつものように静かな話し方だった。しかし悪い予感がした。話が始まってすぐだった。校長先生から指令台に上がるように言われた。にらまれている視線を感じながら、私は校長先生と並んで立った。しかられるのだと思った。

「警察の方から注意を受けたというのは、この子のことです。しかも、児童会長なのですよ。事故にならずにすんでよかったものの、いいですか皆さん。危険な遊びはぜったいにしないようにしてください」

そして、校長先生の小さな声が、大きく聞こえた。

「降りて、みんなの方に行きなさい」

学級にもどる時、担任の先生が私の頭に優しく手を当ててくれた。少しほっとした。

あのお巡りさんが警察に連絡して、警察から学校に連絡があったのであろう。たしかに水中鉄砲は危険な遊び道具だ。校長先生が心配するのは当然かもしれない。しかし、水中鉄砲の改造は、全校児童の前で注意されるほど悪いことだったのだろうか。誰かをあやめたわけでもない。校長室での注意くらいでよかったのではないか。心の中のモヤモヤは、家に帰ってからも晴れなかった。

考え工夫し、試作に成功。夏休みの独創的作品。そうだ、展示会に出してもよかったくらいだ。全員の前に立たされしかられるようなことではない。まるでみせしめではないか。おとなたちはいつも、すぐにレッテルを貼ってしかる。なぜ、理由をきいてくれないのか。

私は自分の反省を脇に置き、いつまでもぶつぶつ、モヤモヤ。

遊んで食べて手伝って

「かてて」

私が小学生だった頃は、テレビはまだ普及しておらず、放課後や日曜日の遊びといえばいつも外だった。友だちに声をかけて集まり、みんなで日が暮れるまで遊んでいた。雨が降り出せば、共同水道の屋根の下か自転車小屋に駆けこみ、みんなで遊びを続ける方法をねりなおしていた。

みんなが家に帰るきっかけは、「ごはんよー」という声。そして、どこかの家から聞こえる夕方のラジオ放送。『笛吹童子』『紅孔雀』『赤胴鈴之助』『一丁目一番地』などの放送劇には主題曲があり、その曲が流れ始めるのが遊び終了の合図だった。私の場合は七厘熾《しちりんおこ》しが待っていた。日によっては竈《かまど》でのご飯炊き。子どもながらに忙しかった。

遊びはいろいろで、季節によっても違っていた。誰かがきっかけをつくり、いつのまにか新しい遊びが始まり流行していた。

夏は、社宅のプールで泳ぎの練習。有明海の干潟で貝掘り、水鉄砲、セミ捕り、ザリガニ釣り。板子《ばんこ》の上で将棋の山崩し、碁盤を借りて五目ならべ。防火用水に板を浮かべて帆掛け舟。ゴムとスクリューで潜水艦作り。三池港の波止の先端でカニ釣り。雨の日には折り紙、紙飛行機。暗くなったら線香花火。

小学校五、六年生の男子の夏は少年野球。「肩を冷やすから泳ぐな」と言われ、「寝る時は肩を冷やさぬよう長袖シャツを」とも言われていた。夜にはバットの素振《すぶ》り。野球少年たちは、野球の試合が終わるまでは社宅のプールでの泳ぎを我慢。大会が終わって、やっと社宅のプールに飛び込んだ。好きな野球のためならば、誰も文句を言わなかった。

夏が終われば「ケン・コウ・ケン」。小岱山《しょうたいざん》への山登り。カエルを捕まえて解剖実験。砂山に輪ゴムを隠して輪ゴム釣り。ロープを使ってターザンごっこ。

冬は体を動かして遊んだ。カン蹴り、馬跳び、馬乗り、縄すもう、長縄跳び、走って止まれ、たすけ鬼、ひまわり合戦、チャンバラ、凧上げ、独楽《こま》、タッチしてもどれ、自転車のリム回し、ニッケツボール（ケン玉）。セルロイドの下敷きをこすって髪の毛立て。防空壕の探検。延命公園で森の探検。三池工業高校の空き地に入ってすみか作り。

動けば体が温まる。友だちと一緒だから冬の寒さもあまり感じなかった。鼻水がたれるとすすっていた。学生服の袖口《そでぐち》で拭いている子もいた。ハンカチをポケットに入れているような子はいなかったと思う。

季節にあまり関係なく遊んでいたのはパチ（メンコ）、ラムネン玉（ビー玉）、六文字、三角ベース野球、ドッジボール、すもう、フラフープ、木登り、かくれ鬼、長クギ倒し、竹トンボ。スズメの「レンガ落とし」。

「レンガ落とし」というのは、スズメを捕まえる遊びで、レンガを四枚使う。三枚で囲みを作る。囲みの広さはレンガ一枚が入るくらい。囲みの下を少し深く掘る。小枝を三本用意する。一本が二十センチメートルくらいのもので、これを囲みの中心部あたりに打ちこむ。頭の高さが地面とほぼ同じ高さになるまで打ち込む。この上に六センチメートルくらいの小枝を横にしてのせるのだが、バランスを取るのが難しい。

次に、三本目の小枝の先端でレンガを受けて、反対側の先端を横になった小枝の中心部に置く。これで準備完了。あとは押麦などを穴にまき、スズメが横木にとまるのを待つ。スズメがとまると、横木が動いてレンガが倒れる。逃げ遅れたスズメは穴の中。

まさかと思っていたが、私はこの方法で同時に二羽のスズメを仕留めた。倒れたレンガの下で、生きた状態で捕まえることができた。暖かい二つの命が、私の両の手の中で激しく震えているのがわかった。「やった！」と小躍りした。しかしそれは一瞬のことで、困惑している自分に気がついた。捕えたあとのことを考えていなかったのだ。

いつも空腹だった私たちは、仲間でスズメを捕まえたら、しめて羽をむしり、火を熾《おこ》し焼いて食べていた。スズメの肉は赤く、少しレバーの味がした。しかしその時、私は食べることはまったく考えていなかった。自分の方法で捕まえることだけ考えていた。慎重に二羽の尾羽をしっかり持って、手の上にあるレンガをゆっくり押し上げた。その瞬間だった。二羽のスズメが勢いよく飛び立った。突然のことにとまどった。私の手に、スズメの尾羽だけが残っていた。スズメは蛇行しながら飛び去っていった。蛇行するその姿を見て、私はとんでもないことをしたと思った。この時以来、私はこの遊びをやめた

肥後乃守《ひごのかみ》は遊びの必携品だった。鉛筆削りにも使った。山に行って、竹や木切れを切った。すみか作りをする場合には、枯れたススキを払ったりする大切な道具だった。高学年の子の筆箱には、鉛筆を削るためのカミソリか肥後乃守が入っていた。

金槌《かなづち》でクギを打ち、錐《きり》で穴をあけた。物差しで長さを測り、ノコギリで木の枝や材木を切った。ノコギリは押さずに引けと言われた。ノコギリでケガをすると、傷口が広がるから気をつけろとも言われた。ドライバーを使って、ねじクギ回しもした。きびしく注意されながら、鉋《かんな》も使わせてもらった。シュワグリップという道具でクギ抜きもした。

しかし、肥後乃守で人を傷つける事件が増え、危険な道具という烙印《らくいん》が押された。その結果、刃物は全国一律に、子どもの手から取りあげられてしまった。肥後乃守は、子どもたちが自然

もない。

を意識し成長していくための大切な道具だったと思うのだが、今では忘れられ、語られること

遊びはまた子守りの時間でもあった。学校が終わってから、あるいは学校が休みの日の幼い子の世話は、年上の子の役目だった。

「かててやるから、おいで」と言って、年下の子を誘った。「かててやる」というのは、加えてあげるの意味。自分たちより走るのが遅かったり足腰が弱かったりするので、工夫しなければならない。そしてその工夫もまた、遊び上手にとってのおてなみなのだ。遊び方に技術を要する場合には手加減をしなければばならない。したがって本来はアウトであっても、「セーフ」と言って助け舟を出す。遊びの中で危険性を感じるような場合は、「見とってよ」と言い含め見学させていた。みんなの遊びに加わりたい時は、「かてて」と言って、仲間に入っていた。

「ケン・コウ・ケン」は、短い棒を長い棒で叩き上げ、宙に舞ったそれをかっ飛ばす遊び。上達した者は、もう一度叩き上げて二度打ちをする。飛んでいく棒がどこに落ちるかわからない。ケガをしやすいので、年下の子に「離れとかんね」と声をかけ、集中した。叩き方には、さらなる技があった。自分の股の下に腕を入れて叩く。さらに自分の腰の後ろに腕をまわして叩く。うまくいくと、年下の子からは英雄視された。ケン・コウ・ケンの棒は、適当な棒きれを探してきて作った。

馬跳びや馬乗りでは、年下の子は馬になることはなく跳び乗るだけだった。馬跳びは、二人以上で馬をつくり、馬は動かない。跳びのる方は高く上がり、落ちる力で馬を崩す。馬乗りは、馬になった二人が動き回る。その動きを見て跳び乗る。タイミングが難しい。うまく乗れないと、地面に落ちてしまう。打ちどころが悪いとケガをする。馬跳びは、跳び箱の要領で行う遊び方もあった。一人の馬が、低くうずくまった姿勢から始める。だんだんと高くしていく。何かの拍子で年下の子が泣き出すと、遊びの面白さはさめてしまう。みんなで仲良く楽しく遊ぶ。そこが工夫のしどころだった。

馬跳び

工夫にはもう一つあった。お金をかけないようにすること。遊びの材料や道具は、なるべくタダで調達するのだ。頭を下げ、材料となる物をもらった。そこもまた、遊び上手の腕のみせどころ。セミ捕り用のトリモチはハエ取り紙のネバネバで代用した。竹を切ってザリガニ釣りの竿にした。帆掛け舟のマストや舵も板ぎれを削って作った。独楽や凧作りに使う竹ひごや糸は、作るのが難しいのでしかたなく買った。竹馬は、おとなの誰かに手伝ってもらわねばならないから、みんなの遊びに広がることはなかった。

同じ炭鉱関係者であっても、生垣で囲まれお屋敷のような家に住む子のほとんどは、私たちとは通う学校も違っていた。つまり、別世界。その子たちがどんな遊びをしていたのか、私にはわからない。

流行に敏感な家の人がテレビを買ったと知るや、その家に数人で押しかけ、親に印鑑を押してもらった「よろしく」の紙を見せ、「テレビをみせてください」と頼みこんだ。その家の人から「どうぞ」の許可が出ると、下駄や靴をそろえ、畳の上にあがらせてもらった。テレビの前に行儀よく並んで正座し、映画に代わるテレビというものを不思議な感覚でみていた。連続物の『隠密剣士』がいいところで終わりコマーシャルに変わると、ため息をついて礼を述べ、家に戻った。

四季を通していろんな遊びができたのは、地面が土だったからだと思う。現在のように、道路も庭も空き地もコンクリートだったりアスファルトだったりしたら、これほどたくさんの遊びが工夫されることはなかったと思う。その象徴が独楽遊びである。

「独楽」は、ヨマ（木綿の組紐）でぐるぐる巻く。きき手に持ちかえ、薬指と小指に紐の端をはさんで、地面の一点にねらいをつける。呼吸を整えて振りおろすのだが、地面は土でなければならない。コンクリートやアスファルトだと、独楽の根がはじかれ曲がるからだ。

独楽の根（心棒）は、独楽が回転する場合にぶれないよう中心をとりながら打ちこまれている。地面が硬いと、回転の軸がずれてしまう。体育館のような床が木製だとできるが、床には多数の傷がつくことになる。当然、禁止される。できても、せいぜい手のせ独楽。独楽回しは、テレビやケイタイなどの普及で遊ばれなくなったのではなく、土間や土の地面がなくなり、できなくなったという方が正しいのではないだろうか。

独楽遊び

父の実家は農家で、土間があった。土間では雨の日や夜に、藁縄《わらなわ》作りなどの農作業が行われていた。農作業がない時には従弟《いとこ》たちとケン玉で遊んだ。木玉が落ちてもうるさくはない。家の人の許しがあれば、竹馬の練習もできた。独楽も回せた。長クギ倒しもできた。ラムネン玉で「天国と地獄」という遊びもできた。土間は、雨の日のすてきな遊び場だった。

さて、独楽の「総あたり」は、にぎやかな遊びだった。何人いようが二組に分かれる。一方がいっせいに独楽を投げて回す。片方の全員が、回転している独楽にそれぞれねらいをつけ、自分の独楽を投げる。相手の独楽にうまく当って回転を止めたら勝ち。当らなくても、自分の独楽を両手に持ったヨマですくって手にのせ、相手の独楽に勢いよく落とす。これで相手の独楽の回転をにぶらせる。これをくり返して回転を止める。失敗して、自分の独楽が先に止まれば負け。こんな具合にして遊んだ。

「すえ独楽」という遊びでは、泣きだす子がいた。一定のルールで、「すえ独楽」となる独楽を決める。誰かの独楽がそれになる。独楽の表面だけを残して土に埋める。それにねらいを定め、それぞれが順番に自分の独楽でたたく。投げ方が悪く、回転せずに転がってしまったら、その独楽が次のすえ独楽になる。独楽に穴があいたり、独楽の縁がはがれたりもする。覚悟のいる遊びなのだ。泣き笑いの遊びも楽しみの一つだった。

ラムネン玉やパチは、なくしてしまえば新品を駄菓子屋で買うことができた。そこに、賭博性が潜んでいた。盗った盗られたというもめごとが生じたり、喧嘩にまで発展することがあった。学校では禁止されていた。一方、学校での勉強はからっきしなのに、こうした遊びでは驚きの技で周りを圧倒する子がいた。その子は、学校の陰のヒーローだった。

「パチ」の遊びにも、いくつかの遊び方があった。「ごねさん」は、それぞれ同じ枚数のパチを出して高く積み上げ、一番上にねらいを定めて、一枚だけをフワッと返す。うまくいけば積み上げたパチがそっくり自分のものになる。しかし二枚目、三枚目までもひっくり返ってしまえば失敗で、次の番となる。挑戦者は手持ちのパチをなでるように飛ばし、その風で一枚だけをひっくり返す。ヒーローの技は美しかった。上着のボタンをいくつかはずして、パチを手にした腕を肩の高さまで上げ、パチの山をじっと見る。そして軽くジャンプ。すると、そこから起こる下向きの風が、一番上の一枚だけをフワッと浮かせて地上にひっくり返す。勝負は一瞬。それはもう見事だった。

　パチで人気だったのは「二丁がえし」。お互いに何枚かずつ出し合って、積み上げ、順番を決めて、一度に二枚を返すのである。どこを叩けばうまくいくのか。よく考えなければならない。そこは経験と勘なのだが、遊びじょうずは目のつけどころが違っていた。ジャンプして着地した時の姿も絵になっていた。とはいえ、誰でも少しの練習で要領がつかめる。手持ちのパチの枚数も少なくてすんだ。雨が降れば、共同水道の屋根の下で勝負を続けた。

パチ

　ラムネン玉遊びにも、パチ遊びと同様にいくつかの遊び方がありヒーローがいた。ヒーローはポケットにラムネン玉を詰めこみ、他の社宅にまで遠征していた。ヒーローは男とはかぎらない。「そうどり」を得意とする女の子がいた。

彼女は、壁の手前の地面に石の尖った部分で円を描く。次に、そこから少し離れた地面に直線を引く。地面が硬かったりコンクリートだった場合は、「おんじゃく」で線を引く。「おんじゃく」は「温石」と書く。石版用のチョークのようなもので、ラムネン玉遊びのヒーローにとっては必携品だった。

円を描いたら、円の中に同じ数のラムネン玉を出し合う。二人いれば勝負になる。何人いても勝負はできる。次に親玉を決める。親玉には模様に特徴のあるものが選ばれ、ばらまかれた他のラムネン玉の真ん中に置かれる。親玉が決まったら、少し離れた所に勝負用の一本の線を引く。そして、順番を決めてそこに立つ。親玉にねらいをつけて、自分の玉を投げる。うまく当たって、親玉が円の外に出れば勝ち。円内の玉が全部自分のものになる。他の人が、親玉に当てて円からはじき出せば、その人の勝ち。全部もっていかれてしまう。泣いても通じない。遊びにおける掟なのである。

ラムネン玉遊びで勝てば手持ちのビー玉が増える。増えると置き場が必要になる。家には自分の部屋などないから、ある程度まとめて、家の裏の土の中に埋める。ところが私は、いつもこれを忘れてしまっていた。気づくのは、次にラムネン玉遊びが流行する時。思い出して、そこを掘り起こすのだが、どういうわけか消えていてない。深く沈んでしまっていたのだろうか。

不思議だった。

　私は、女の子の遊びについてはよく覚えていない。ボールの毬《まり》つき。平べったい厚いガラス玉を片足で蹴りながら進む「ダイガッコウ」。段とび（ゴム紐とび）、おはじき、着せ替え人形。段とびのゴムは輪ゴムを何個もつないで長くしていた。段とびのじょうずな子は足の使い方が美しく、毛糸でできた派手な色のパンツを目立たせていた。

　そんな中、男女が一緒になって熱中できる遊びがあった。六文字である。三角ベース野球とドッジボールを合わせたような遊び。何人いてもできる。せまい広場でも汗だくになって遊べる。わかりやすかったので人気だった。地面の三カ所に大きな円を描き、攻撃と守備の二つの集団に分かれる。攻撃の側は一つの円の近くに集まり、一人だけが円に入る。この人がバッターとなる。守備の側は適当に散らばり、一人がピッチャーになる。

　ピッチャーは柔らかいテニスボールを投げる。バッターは手でボールを打つ。打ったら一塁の円の方に走る。ボールがノーバウンドで捕球されたらアウト。ころがったら、守備の誰かが捕る。捕った人は一塁の円の中にいる味方にボールを投げる。走って来るバッターよりも早くボールが渡ったらアウト。バッターが円に入る前だったら、走るバッターめがけてボールを投げる。ボールが走塁中のバッターの体に当たればアウトとなる。

　バッターが一塁と二塁を回って元の円に戻れば点になる。バッターが三人アウトになればチエンジ。攻撃と守備が入れかわる。柔らかいボールを使うから、当てられても痛くはない。細かいルールはいくらでも変更できる。六文字は、季節を問わず人気の遊びだった。

「タッチしてもどれ」は、決められた場所まで行ってタッチして戻る遊び。地面に大きい円を描き、直線で区切って行き先を書く。行き先は近場もあれば遠い場所もある。離れた所から円の中に石を投げる。その石の位置で行き先が決まる。そしたら「ヨーイ、ドン」でいっせいにスタートする。たまに困った子がいた。もどりが速すぎて、行っていないのが明白なのに、タッチしてきたと言いはるのだ。行った先で本当にタッチしたかどうかがわからないから、タッチを証明する下準備が必要となった。

私はいちおう宿題はしていた。それでも考えることは、遊びのことばかり。タカちゃんを誘って、近所の蓮根堀によく行った。カエルを捕まえて皮をむき、糸で縛って蓮《はす》の葉の間にたらすと、ザリガニが釣れた。ザリガニが釣れると、今度はその殻をむいて餌にし、次の獲物をねらった。

馬込川《まごめがわ》（諏訪川）の下流に、通称ダムと呼ばれている石積みがあった。ミミズを掘り、引き潮の時間帯に短い竿で糸を垂らせばダクマエビ（テナガエビ）が釣れた。ダクマエビは煮ても焼いてもうまかった。

歩いて片道二時間くらいかかる玉名の小岱山《しょうたいざん》も遊び場だった。タカちゃんと二人だったら、麦飯のおにぎりを作って出かけた。仲間がふえたら、山腹の流れのほとりで飯盒炊爨《はんごうすいさん》をした。竈を作り、マッチをすって火を熾した。チクワ入りのカレーがうまかった。

運良く魚屋さんでサバの頭が手に入ると、サバの頭をバケツに入れ、自転車のハンドルに引っかけ、玉網をくくりつけて三池港へカニ釣りに行った。港に自転車を置き、一キロメートル以上はあると思える長波止の先端まで歩いた。先端の岩場周辺が釣り場だった。竿は岩場にはさまった竹で十分。カニは茹でると上等のおやつ。父の焼酎の肴にもなった。

引き潮になって岩が見えるようになるのが釣り時だった。大きな岩と岩の間に餌となるサバの頭を糸でしばって沈める。たるんだ糸がスーっと伸びればカニがきた証拠。サバの頭をはさんだカニは海面近くになると、はさみを引いて海中に逃げる。その直前に、玉網ですくうのだ。釣り場の前を島原航路の客船や大型の貨物船がたまに通過する。すると、直後に大波が寄せて岩場を洗う。人間がさらわれることもある。私たちは船の大きさや速さをみきわめ、道具をまとめて、急いで高い所に逃げていた。潮が満ち、釣れなくなるまで遊んだ。

その帰りだった。不思議な現象を発見した。長々と続く波止の足元を見ながら歩いていると、コンクリートの波止の方が動いていた。錯覚なのだろうが、本当に波止の方が動いているように見える。単調で退屈な歩きの最中での大発見だった。私は興奮してさけんだ。

「タカちゃん、波止がこっちに動きよる！」

塀が動く

タカちゃんも気づいた。

「ほんなこつ、波止の方が動きよる。錯覚やろうばってん、不思議かね」

歩くのがいっぺんに面白くなった。カニの入ったバケツを右手に左手に持ち替えながら、波止をエスカレーターのように動かしながら歩いた。ときどき後ろを振り返ると、先端にある灯台が小さくなっている。前を見るといつのまにか、三池港の外港に停泊している石炭積出し船がはっきり見える所まで来ていた。

「タカちゃん、波止はまだ動きよるね」

「動きよるよ、少しだけ。ばってん、自転車置き場がもうあすこ。終わりたい」

私たちは、貴重な拾い物をした気分で自転車にまたがり、宮原社宅をめざした。

私は自転車をこぎながら考えていた。この遊びができる場所はほかにもありそうだと。

私には心当たりがあった。天気がいい日をみはからい、ためしてみることにした。そこは、三池工業高校の南側の低いレンガ塀。タカちゃんは中学校の一年生になっていて、卓球部の練習にはまっていたから、いっしょに行く時間はなかなかない。私はとりあえず、一人で行くことにした。

幅三十センチメートルほどの厚いレンガ塀の上に立った。運良く誰もいない。ガラス片は気にならないが、ガラスを固めたコンクリートがゆるやかな蒲鉾型になっている。滑りやすいので注意が必要。慎重にバランスをとりながら歩いた。慣れてくると、わずかずつだが速足で歩けるようになった。すると、三池港の長波止同様、塀の方が動き始めたではないか。予想が的中。やっぱり、ここでもできたのだ。

タカちゃんが知ったらきっと喜ぶ。しかし、タカちゃんはまだ卓球の練習中。帰るのは遅い。共同風呂に行くのも遅くなる。タカちゃんの帰りが待ちどおしかった。

白いテントと白いシャツ

ジープおっちゃんの家の隣がタナカばあちゃんの家だった。同じ三十四棟の隣どうしなのに、それぞれのお付き合いは希薄な感じだった。タナカばあちゃんの家には物心ついた頃からよく上がり込み、お昼ご飯を食べていた。

タナカばあちゃんの家は台湾からの引き揚げだと聞いていた。そこにギーちゃんという三十歳くらいのお兄さんがいた。病気のために仕事はしていなかった。やせて色白。いつも浴衣姿。言葉づかいが優しかった。病気は結核だと言われていた。私も同じような病気だったせいか、気にせずに上がりこんでいた。親からもとやかく言われることはなかった。自宅療養だった小学校二年生の一学期は入りびたりだった。

ギーちゃんは、いつも囲碁をしていた。一人碁盤の前で、指南書のような本を見ながらパチリパチリ。その横に『ベースボール』という雑誌が積んであった。囲碁のルールはわからなかったが、白と黒の碁石をとったりとられたりするのが興味深かった。私は飽きっぽいくせに、囲碁というものを飽きずに見ていた。そして、「め」とか「しちょう」とか「こう」、「ふうりん」といった言葉も覚えた。

ある時、ギーちゃんが「ノリ、相手してやろうか」と言って、碁盤に対座してくれた。私はもちろん黒石。緊張し、「ふうりん」をいっぱい下げて対戦した。ギーちゃんは笑いながら挑発し、またたくまに私の黒の「め」はたいらげられた。負けるばかりなのに、「もう一回」「もう一回」と挑戦して楽しかった。

ギーちゃんは工作がじょうずで、材料や道具を調達すれば竹トンボやヤジロベエなどを簡単に作ってくれた。二年生一学期の自宅療養が終わる頃、夏休みの作品だと言いながら、電話器の模型をいっしょに作った。半分以上がギーちゃんの作なのに作品展で表彰され、学校から石炭人形をもらった。タナカばあちゃんの家は、学校に行けなかった私にとっては学校のようなものだった。

その年の秋だったと思う。三池労組（三池炭鉱労働組合）のストライキが始まり、社宅の広場に白いテントが張られていた。いわゆる「英雄なき一一三日のストライキ」である。

私は学校から帰ると、そのあたりをうろちょろしていた。テントの中には組合の青年部の人たちや、他県から来た行動隊と言われる人たちがいた。それぞれが白いトレパンに白い開襟シャツ姿。動きや言葉が明るく輝いて見えた。電柱に固定されたスピーカーからは、力強い労働歌が流れていた。テントの中には囲碁を打っている人たちがいた。

するると、社宅の友だちの誰かが言った。

「にいちゃん、こんやつも囲碁ばするとばい」

こんやつとは、私のことである。すぐに、テントの中で囲碁を見ていた若い人から声がかかった。

「へえ。そんなら俺とやってみるか。そのかわり、負けても泣くなよ」

暇をもてあましていたのであろう。その人はさっさと別の碁盤を用意し、座る場所までつくってくれた。囲碁はギーちゃんから習っていたので、私も迷わずに返事した。

「負けたっちゃ、泣かんよ」

黒い碁石をもらい、対等に打ち始めた。ギーちゃんがするように、考えるそぶりを真似ながら打った。

勝負の決着は思ったより速かった。私が勝ってしまった。ギーちゃんとの勝負では、「ふうりん」をつけても勝つことがなかったので、私にとっては初めての勝利。跳び上がるほどうれしかったが喜びのそぶりは見せないようにした。「ありがとうございました」と言って、さっさとその場を離れた。残念なことに、ここからの記憶がない。おそらく、家に帰ってからは誰かれ構わずに報告し、有頂天になっていたのではないだろうか。

ちなみに、この時の四カ月に及ぶストライキは、会社の指名解雇を撤回させたことで知られている。

サインはカーブ

社宅の中で、雑誌を購読している家は珍しかった。鉱員の給料は安く、食べて行くのがやっとだったからである。タナカばあちゃんの家が『ベースボール』を購読していたのは、ギーちゃんが結核で外出できなかったからだと思う。

ギーちゃんの家にいて、お客さんがあったりギーちゃんが誰かと囲碁を打ったりしている時は、私はそのかたわらで『ベースボール』をめくっていた。漢字が読めるようになった頃、「毒島」という選手がいることを知った。

「ドクシマとか、変わった名前やね。農中という名前も変わっとるけど」

と感心していると、

「それは、ブスジマだ」と、教えてもらった。

私はしだいに野球に関心を持ち、バットの振り方やピッチング、キャッチングの理屈などをギーちゃんから教わるようになった。「フィールディング」という言葉も覚えた。四年生になるとカーブの握り方や投げ方を教えてもらい、古びた軟式ボールを手に入れ、一人で壁を相手にためしていた。「要注意」の身でありながら、頭の中では、自分が選手として活躍している姿を描いていた。野球をしたいという思いが、日々ふくらんでいた。

当時、宮原社宅には小学校五、六年生の児童で構成される軟式ボールの少年野球チームがあった。私は誘われることもなく試合を見に行くこともなかった。幼なじみのタカちゃんは時々練習に参加していた。その練習をたまに見に行ったが、私には遠い存在だった。

三池鉱業所には四山、三川、宮浦、港務所、本所という五つの支部があって、支部ごとに少

宮原社宅少年野球チーム（1958年）

年野球大会が行われていた。宮原社宅は本所支部に属し、臼井社宅、野添社宅、七夕社宅、白川社宅、原社宅、小浜社宅、西浜田社宅、外来などといったチームで競い合っていた。

宮原社宅チームの練習場は宮原幼稚園の運動場だった。レフト方面は土手になっていて、センター方面には幼稚園の校舎があった。夏休みのお盆頃までは、午後から暗くなるまで野球の練習をしていた。小学校でも地域対抗のソフトボール大会が行われていて、宮原社宅チームは会社と小学校の二つの大会に参加し、両方で優勝を競い合うほどだった。

監督やコーチは野球好きのおっちゃんたちだった。夕方、真夏の太陽が陰り始めると三番方勤務のおっちゃんたちが出てきて、ノックをしてくれた。選手のユニフォームはなかった。野球ベルトで締めた白いトレパンに白い長袖シャツ姿。それに白い野球帽。しかしその姿が、運動を禁止されている私にはまぶしく見えていた。

夏休みに入るとすぐに、選手選抜のための社宅内の予選が行われていた。五年生になっていた私は、タカちゃんに誘われ出場することにした。父からは、ファーストの守備くらいならと言われ、やる気満々。八班の選手として初めて野球のグラウンドに立った。経験したことのないほど多くの視線を感じ、コチコチになっていた。グローブは借り物だった。

「ノリちゃんは、カーブば投げきるやろう」とタカちゃんが言った。

「ストライクになるかどうかわからんばってん、曲がると思う」と私が答えた。

そのやりとりの後、私はいきなりピッチャーをまかされた。タカちゃんがキャッチャー。タカちゃんの大きな声のリードで試合が始まった。初回の打者は、タカちゃんのサイン通りに夢中で投げた。カーブだとだいたいストライクになった。三人とも三振だった。審判のおっちゃんの「よう曲がる」という声が聞こえた。守備を終えてからの、バケツにカチワリ氷が入った水がとてもうまかった。

打順は忘れたが、最初の打席でジャストミート。私の打球は幼稚園の校舎の屋根を直撃した。必死に走っていたら、「三塁打!」という審判の声が聞こえた。それがルールだったらしい。三塁ベースに立った時、幼稚園の建物のわきで観戦している浴衣姿のギーちゃんに気づいた。久しぶりのギーちゃんだった。ほめてもらえると思った。しかし試合後に、ギーちゃんから出た言葉は意外だった。

「体が開きすぎとる。もっと踏み込んで振れ」

と言われた。デッドボールを怖がるなということなのだ。

翌年、私は宮原社宅少年野球チームの選手になっていた。社宅の子ども会がチームのためのユニフォームを新調してくれた。父からは新品のグローブを買ってもらった。グローブにドロースを塗り、ボールを包んで枕元に置いて寝た。ポジションはどこでもよかったが、体調に配慮し初めはファーストだった。そのうちに、みんながいやがるキャッチャーにおさまった。

チームのエースは同学年のキンヤちゃんだった。社宅の中では早くから注目されていた選手で、流れるようなフォームで、コントロール良く投げ込んでいた。上から大きく曲がり落ちるカーブが打者の空振りを誘う。キャッチャーをしながら面白かった。こわいという気持ちはなかったが、いつのまにか私が出すサインはカーブが多くなっていた。キンヤちゃんは首を振って、ストレートを注文する。私は慌ててサインを変えた。なぜ、カーブのサインを出すことが多くなっていたのか、自分でもよくわからなかった。

キャッチャーは、打者のファールチップを顔面に受けることが多い。顎や額などを直撃する。口に当たれば腫れあがる。もちろん痛い。痛いのだが、私にとってもっと痛いのは父の言葉だ。

「目にでも当たって失明したらどうするんだ。ほどほどにして止めろ。それが嫌なら、ポジシヨンを変えてもらえ」

そう言われたくなかった。

ファールチップをうまく捕れれば、問題は解決する。そう考えた。そしてファールチップをじょうずに捕る方法を、コーチ役のおっちゃんたちにきいて回った。すると、

「目ばつぶりよるやろう。目ばつぶらず、しっかりボールを追え。そしたら捕れる」

それがおっちゃんたちの答えだった。

私はその言葉を信じた。懸命に目を開け、まばたきをせずにボールを追うようにした。しかしうまくいかない。運悪く口に当たったた。唇があっというまに腫れた。こんな時は、いったん外野に守備を替えてもらう。しかし、替わったキャッチャーが私以上に腰を引いてしまう。けっきょく私は腫れあがった唇のまま、キャッチャーに戻るというぐあい。

私の中で勘が働いていた。ストレートの打ちそこないが顔に当たる。カーブを打ちそこなった場合は、ファールチップのほとんどが足元に来る。そのことに気づいた結果、顔を防御しようとする本能が働き、私はカーブのサインばかり出すようになっていたのだ。

ピッチャーにしてみれば、切れのいいストレートあってのカーブ。カーブに打者がなれてしまえば、ねらい打ちされる。キンヤちゃんが、カーブ、カーブのサインに首を振るのはもっともなことだった。

こうしたことの本当の原因は暮らしの貧困にあった。なぜなら軟式ボールで野球をする場合、キャッチャーはマスクをかぶるのが常識。しかし、宮原社宅少年野球チームはそうした道具を持っていなかった。おとなたちにしてみれば、買ってやれないから励ますしかなかったのだ。「目ばつぶるな」「ボールばよく見れ」「腰が逃げとる」。おとなたちは声で応援していたのだと思う。

私の場合は、ギーちゃんから囲碁や野球を教わった。ありがたかった。ギーちゃんには、もっと教えてもらいたいと思っていた。しかし、ギーちゃんは私がおとなになる前に逝ってしまった。

三十四棟の自宅で喀血したと知らされ心配していたが、私は会いに行くこともできなかった。入院して治療に専念できていたらと思うと、悲しかった。

スイカ

「よし！　今から南荒尾の海水浴場だ。家に戻って、キャンプの用意ばしてけ。家の人にはちゃんと言うとけよ。今日は、スイカば腹いっぱい食うぞ」

宮原社宅少年野球チームの監督のナオちゃんの声が響いた。私たちは歓声をあげ、いっせいにそれぞれの家に散った。

ナオちゃんというのは、坂口直行さんのこと。若い時はバレーボールの選手だったそうで、体格がよく、仕事の合間には少年野球チームのめんどうを見てくれていた。周りのおとなたちがそのように呼んでいたから、私たち子どもも生意気に、「ナオちゃん」と呼んでいた。三交代勤務の坑内夫で、夜中に仕事をする三番方の日には、夕方の練習にいつもつきあってくれていた。練習が終わると、「お前どんのおかげで、足が痛か。家に来て、足ばもめ」といつもの誘い。すると、みんなは喜んでナオちゃんの家で靴を脱ぎ、ナオちゃんの太い両足にじゃれつくように群がっていた。

その年、宮原社宅のチームは各社宅十数チームの対抗試合で、決勝まで勝ち進んだ。応援の親たちも大喜びで、長かった一日の決着がつく頃には、差入れの大きなスイカが十個くらい届けられていた。結果は臼井社宅チームに敗れて準優勝。納得の「ドンマイ！」だった。

ナオちゃんの家の前に、スイカをつんだトラックが待っていた。会社のトラックを借りることができたようで、運転席には酒好きのヨシカワさんがいた。「少し入った方が、ハンドルの切れがようなる」と、わけのわからない声を張り上げながらヘラヘラ。西鉄ライオンズのファンで、小柄ながら、応援するときには割れ鐘のような声を出す人だった。

「みんな乗ったか。車が揺れるけん、スイカば割るな。上からホロ布ばかぶせるけん、行儀よくしとけ。お巡りさんに見つかったら、おごらるっけんね。着いたら、腹いっぱい食うぞ。晩飯が入らんくらいに」

　夏の太陽が照りつけ、トラックの荷台の中は蒸し風呂状態。しかし、みんなは笑ってご機嫌。今ここにあるスイカは、五十円や百円で買う野菜のようなスイカではない。包丁を当てただけでパシッと割れるような赤くて甘いスイカ。晩飯が入らんくらいにスイカが食える。なんという幸せ。それぞれが、流れ出る汗を拭き取りもせず、首を曲げ、スイカをしっかり抱いて乗っていた。

　それから約一時間後、海水浴場の海の家で私たちは仰向けになっていた。夕日はまだ有明海の上にあった。「スイカが残っとるぞ」と声をかけられても、返事する者は誰もいない。「ちょっと、苦しか」「もう、いらんばい」「食べ過ぎたごたる。このまんまでよか」。そんなつぶやき声もだんだん消えかかっていた。まさに、みんなが山盛りスイカの余韻にひたっていた。

　そんなときだった。小声の会話が聞こえてきた。
「夜になったら、やっぱり腹が減るやろうか」
「どげんでんよかやっか。静かに寝とけ」と誰かが答えた。

私は、はっとした。

〈そういえば米はどこ？　飯盒とか食器とかは見たけど米は？〉

と急に心配になって起きた。私の動きとつぶやきに反応した数人が立ちあがり、海の家の隅々や床の下を探し始めた。しかし、米らしきものは見当たらない。道路の方を見ると、乗って来たトラックの姿もない。ヨシカワさんも帰ったのだ。不安になって、ナオちゃんを揺りおこした。すると、

「一食、二食、食わんたっちゃよかろうが。米ば食いたかったら、取りに行ってこい」

そう言って、酒の匂いをぷんぷんさせながら再びいびきをかき始めた。

私はチームのキャプテンなので、なんとかしなければと思った。今夜はがまんできても、キャンプなのだから朝は飯盒の飯を食べたい。悲壮感が漂うなか、米探しをした数人で話し合った。私が社宅に戻って、米を親から貰ってくる。ほかの者は、砂浜の潮だまりにいる小エビをすくっておく。スイカは外側の硬い皮をむいておく。塩をまぶしてもめば食べられるのだから。

そんなふうに決めた。

私は鹿児島本線の南荒尾駅で上り列車に乗り、二つ目の大牟田駅で降りて、社宅をめざして走った。小遣いを節約するため、米を運ぶ時にバスに乗ろうと考えていた。そして、あきれ顔の両親から米と塩を受け取ると、今度はバスで駅に向かった。当時は鹿児島本線の乗客も本数

も多かった。電灯に照らされた海の家で、私はみんなの歓声に迎えられた。やはり腹をすかせていた。さっそく火を熾し、飯盒で米を炊き、子どもたちだけで食べた。おかずは、赤く茹《ゆ》であがった小エビの塩煮。それとスイカの皮の塩漬。

コウちゃんがスイカの漬物を箸でつまみ上げて叫んだ。

「一つぶで、二度おいしい」

するとハルちゃんが笑いながら言った。

「それはグリコキャラメルのことやん。これはスイカ。スイカは一切れで二度美味しい！　そげん言わなんとたい」

その夜、私たちは飯盒めしを食べた後、明るく照らされた海辺に出て、二度も三度も楽しんだ。

カバヤ文庫と納豆

カバヤキャラメルという箱入りキャラメルが駄菓子屋さんで売られていた。たしか十個入って十円だった。「キャラメルそのものは、たいしてうもなか（おいしくない）」と言われていた。

しかし、子どもを引きつける仕掛けがあって、けっこう売れていた。箱のふたを開けると、内側に「カ」「バ」「ヤ」「文」「庫」という文字のいずれかが記してあり、この五文字がそろうと単行本が一冊もらえることになっていた。本好きの子はこの一冊をめあてに、小遣いを貯めてカバヤキャラメルを買っていた。だが、そうやすやすと「カ」「バ」「ヤ」「文」「庫」はそろわない。とくに「文」の文字は買っても買っても出てこない。「文」を手に入れようと、食べもしないのに何箱も買ってもらっている子もいた。金にあかせて博打みたいに。

このカバヤ文庫。私も二冊、手に入れた。送られてきたのはマンガ本だった。内容はうろ覚えだが、一冊は、動物が主人公の三銃士の武勇伝。ヨーロッパの城の絵や、フォークとナイフの食事場面が印象的だった。もう一冊はよわよわしい男の子が主人公で、ぺらっとめくった時、〈しまった。別のにすればよかった〉と後悔した。絵に新鮮さを感じなかったのだと思う。ところが、絵はつまらないのに、私はいつのまにか物語の中にぐいぐい引きこまれていた。

頼りないこの男の子が突然何者かに誘拐され、だれもいない場所に連れ込まれる。倉庫のような広い部屋に監禁されて「言われた通りにしないと殺す」とおどされる。

「おまえは、ここで鍛えられてボクサーになるのだ。死にたくなかったら、しっかり飯を食って、練習するんだ」

と言いわたされる。そして、用意されたのが納豆というものだった。ご飯のおかずは納豆だけ。しかし男の子は死にたくないから、言われるまま、ひたすら納豆ご飯を食べ続ける。いつのまにか自分が誘拐された身であることも忘れて……。とにかく変わった物語。

じつはその時代、日本は空前のボクシングブーム。白井義男というボクサーが、ダド・マリノに勝ってフライ級の世界チャンピオンになり、映画のニュースやラジオで日本中が沸きあがっていた。

さて、私にとって納豆といえば、あの砂糖まぶしの甘いやつ。ところが、それとはちがう納豆があるらしい。それを食べれば別人のように元気になる。それが本来の納豆なのかもしれない。納豆への期待が大きくふくらみ、父に尋ねた。すると、

「よう食べよったたい。ばってん、大牟田の人は食べんごたる。あんたは知らんかもしれんばってん、熊本市内の人や台湾から引き揚げてきた人たちは知っとらす。そういえばタナカばあちゃんが食べよらすごたる」

タナカばあちゃんとは、ギーちゃんのお母さんのこと。私は学校に入学する前から、よくお昼ご飯をごちそうになっていた。「外米《がいまい》だよ」と言いながら、麦が混じらない、いわゆる銀しゃりのご飯。カツオだしの味噌汁に角煮コンブが添えてあった。子ども心に「贅沢だな」と感じながら、角煮コンブを二切れほどもらって食べていた。

タナカばあちゃんはパチンコが大好きだった。詳しい事情はわからなかったが、ちょくちょ

く私の家に来て、父に頭を下げて百円を借りていた。社宅の中での貸し借りは日常茶飯事だったとはいえ、子ども心に不思議だった。そのタナカばあちゃんが、なんと普通に納豆を食べているらしいのだ。さっそく尋ねてみた。すると、

「おいしいよ。あんたは嫌いなものが多いし、食べきらんと思うけど」

と言いながら、三角形の薄板に包まれたものを器に開けてくれた。茶色っぽい大豆が粘っこい糸を引きながら器におさまった。

「箸でよく混ぜるとよ。やってごらん」

そう言って、箸と器を渡された。私は用心深く、ゆっくり箸を動かした。納豆が器の中で、まとまったままくるりくるり。「糸が立つようにね」と言われても、どうしていいのかわからないでいた。独特のにおいがするけど気にならない。直感的に「これはきっとうまい食べ物に違いない」と感じ、姿勢を正していた。初めて口にした納豆は香ばしかった。

練炭《れんたん》炬燵《ごたつ》と七厘《しちりん》

冬になると、私はタカちゃんに声をかけ、家の炬燵に入って過ごしていた。

炬燵はいわゆる掘り炬燵。ほどよい高さの足置きが四方にあって、真ん中の深い所に、暖をとるための練炭七厘が置いてあった。これは社宅のすべての家にあったわけではない。おそらく父が、四畳半の部屋を自分で改造し、勝手に作っていたのだと思う。なにしろ父は大工仕事に長けた人で、仏壇作りのような仕事も手伝っていた。

宮原社宅の中心部には会社の管理事務所があって、入転居の手続きをはじめ、畳替えや煙突掃除、野犬の駆除、家屋の一斉消毒などの世話を行っていた。家に客があって泊まる場合には、共同風呂の入浴券をここでもらっていた。おとなの喧嘩が起きて収拾がつかなくなると、誰かがこの事務所にとび込み仲裁をたのんでいた。

家庭燃料として使うガラ（コークスのこと）や豆炭、練炭は会社からの配給だった。一軒一軒の玄関横には、ガラ入れという四角いコンクリート製の出っぱりがあって、ここにガラを貯蔵していた。月に二、三回くらい、木製の手押し車を押して会社の売店へガラを取りに行っていた。この手押し車のことを「ガラ箱」、あるいは「ば車《くるま》」と言っていた。私の家のそれは車輪が鉄製で、動かす時の音が響いてやかましかった。周りの人がふり返るので、年頃になるにつれ、この手伝いだけは苦痛のたね。できれば逃れたかった。

当時は、「米穀通帳」というのが一世帯に一冊あった。いわゆる「食管法」によって米の配給はきびしく統制されていたが、炭鉱には米の特別配給が行われていた。配給をすりぬけて出

倶楽部や共同風呂の前の道を下ると広場があった。
手前右は29棟、左は32棟。(1980年頃)

回る米を「闇米《やみごめ》」といった。「米穀通帳」に関係した手続きも、社宅事務所で行われていた。社宅の住民の死生病傷、働き手と家族の健康管理、すなわち住民の人生全般の把握がここで行われていたと言っても過言ではない。

家と家の間は板塀で仕切られていた。家によっては小さな小屋があったり、ささやかな菜園があったりしていた。筵《むしろ》をかぶせ、茶がらなどを追加しながら釣り用のミミズをやしなったり、池を造ってランチュウという金魚を飼ったり。縁側の下の空間を利用して、ニワトリを育てている家もあった。大きなシェパードを飼っている家もあった。モモやイチジクの木を育てている家もあった。

社宅にはほどよい広さの遊び場がいくつかあった。野球ができるくらいの運動場もあった。あきらかに空き地だとわかる所は、思い思いの畑になっていて、カボチャやキュウリ、サツマイモなどが植えてあった。一個か二個くらいだったが、父が育てていた黄色のスイカは甘かった。盗まれずに大きく育っていくのを見るのが楽しみだった。

練炭炬燵に電気はいらない。練炭に火がつき七厘に収まれば、それが熱源になる。練炭に火をつけるには要領がいった。私たちが使っていた七厘は二種類あった。上部が開いている朝顔七厘と円柱を輪切りにしたような練炭七厘。今でも市販されている。

まず最初に朝顔七厘に火を熾《おこ》す。これがけっこうむずかしい。朝顔七厘の下部には鋳物製の円形の桟《さん》がある。この上に火がつきやすい紙を軽く丸めて置く。さらにその上に、燃えやすい材質の杉板や木切れをのせていく。こうしておいてマッチかライターで紙に火をつける。木切れが燃えだしたら、その上に火持ちの良い豆炭かコークスをのせて待つ。

木炭は火付きはいいし煙も出ない。今でもバーベキューなどの時に使われている。しかし値段が高い。贅沢品のようなもので配給の対象にはなっていなかった。暖をとるための火鉢に使うことはあっても、七厘の燃料として使われることはなかった。

豆炭やコークスに火がつくまでには時間がかかる。いつまでも真っ黒い煙が上がっているようであれば、それは石炭の小さな粒がまじっている証拠。黒煙を発しているそれを見つけ、とりのぞかなければならない。めんどうでも鉄製の火箸を使ってさがしだし、つまんで取りだす。当時の七厘熾しでは、めずらしいことではなかった。

いったん火がついた豆炭やコークスの火の勢いが弱い場合には、スコスコという道具を使う。火に勢いがないのは、七厘の焚口からの空気の取り入れがうまくいっていないから。スコスコというのは、太めの針金の先を二、三センチメートルほど直角に曲げたもの。父の手製だったのかもしれない。必要に迫られて考案したのだろう。曲がった部分を焚口に差し入れ、下から上向きに七厘の桟の溝にそうように動かす。すると、桟にたまっていた燃えカスが桟のすきまからぱらぱら落ちる。その燃えカスを、スコスコを横向きにしてかきだす。これで空気の取り入れ口が確保される。火はたちまち元気になる。こちらも元気になる。

七厘熾し

工夫はこれだけではない。朝顔七厘での火熾しには小型の煙突を使う。空気の流れをよくするのである。この煙突は薄い鉄板や火の熾りかたがぜんぜん違う。この煙突は薄い鉄板やブリキといった金属製のもの。今も、金物屋さんに行けば売っていると思う。円筒形のゴミ箱やバケツが金属製なら、その底を抜けば煙突になる。父は金属板の切れはしを再利用し、自分で煙突を作っていた。

こうやって朝顔七厘に火がついたら、煙突をはずして、今度は火の上にじかに練炭をのせる。そしてまた煙突を置く。たちまち煙突から臭い煙がたちのぼる。練炭に火がつきはじめたのである。この状態はしばらく続く。あせらずに待っていると臭気がやわらぎ、練炭のそれぞれの穴の下の方が、赤くなっているのが見える。こうなったら煙突をはずす。一瞬だが、練炭のそれぞれの穴から炎が上がることもある。それは完全に火がついた証拠。こうなった練炭を円筒形の練炭七厘に移す。

ここは慎重にやらなければならない。練炭の火がついた部分がくずれやすいからである。指先に力がない低学年の子が行うのは危険である。小学校の高学年になればだいたいできる。練炭鋏《ばさみ》という、先端がわずかにL字に曲がった鋏《はさみ》のような道具を使う。二つの穴に練炭鋏の先端を入れ、握り手に力を入れると固定できる。そうやって取りあげ、ゆっくりと練炭七厘に移す。練炭七厘の空気取り入れ口はしばらく開けておき、様子をみる。この口の開きぐあい閉じぐあいが要領のいるところ。開けば火力が増し、閉じれば火力が弱まる。炬燵に入れて使う場合は、長持ちさせる必要があるから、口を閉じぎみにする。そこは経験と慣れ。使いながら習得する。

七厘での煮炊きが一段落したら、ヤカンをかけて湯を沸かす。この湯はお茶を入れる時に使う。母は湯たんぽに入れていた。寒い日の夜に、布で包まれた湯たんぽが布団の足元に置いてあるとありがたかった。その日にいろいろあったとしても、幸せな眠りにつくことができた。

ある冬の日のこと。まだ明るかったから、土曜日の午後だったかもしれない。タカちゃんと私は練炭炬燵に入って、ふかし芋を食べていた。するとタカちゃんが鼻をくんくんさせながら言った。

「ノリちゃん、なんか臭くなか？」

私は練炭だと思い、炬燵布団をはぐって中をのぞいた。

練炭七厘の上に小さい赤い火が見えた。まさかと思い、布団をばっとはぐった。赤い火は、大きくたるんだ靴下の先っぽだった。

「タカちゃん、靴下！　タカちゃんの靴下たい！」

「アチチ！」とタカちゃんが叫んだ。

気づくのが早く、タカちゃんの足は無事だった。

練炭七厘を使っていると一酸化炭素中毒になって死ぬ……。そんなことを子どもの頃から何回も聞いてきた。今でもよく聞く。たしかに、車の中に排ガスを引きこんだり、練炭七厘を入れて自殺を図ったという事件がある。しかし、炭鉱の社宅でそんな事故が起きた話は聞いたことがなかった。

なにしろ大牟田の地下深い所は、三池炭鉱の仕事場で坑道が数知れず走っている。地盤沈下で家の建てつけはゆがみ、外からすきま風が入る。これが結果的に換気となる。現在のようなアルミサッシではなかったから密閉性は不十分で、人を死にいたらしめるほどのガスが部屋に充満することはなかった。

七厘では何でも燃やせる。しかし、石炭はなじまない。まちがっても七輪の燃料としては使わない。石炭に火がつくと、たちまち真っ黒い煙がたちのぼる。それはまるで蒸気機関車の煙突。あたり一面が黒煙だらけになる。したがって、石炭を燃やす場合には煙突がいる。そして時々、煙突掃除をしなければならない。

どこかで石炭発見の場面という絵画を見た。絵の中の、発見した人達の前で燃えている石炭の煙が白っぽい。絵での表現だから写実的である必要はないと思うが、黒々とたちのぼる煙こそが石炭である。だるまストーブも石炭風呂も蒸気機関車も、真っ黒い煙を煙突から噴きあげていた。だからこそ煙突掃除屋さんという仕事人もいたのだ。

石炭の煙が白いと炭鉱の物語はかすんでしまう。石炭の世界の本質が理解されないまま描かれているようで寂しくなる。

引率映画

小学生の頃にラジオが普及しはじめた。夕方放送される『笛吹童子』が人気だった。五年生になった頃は『一丁目一番地』を聴いていた。『巌窟王』はちょうど夕食時の放送で、箸をとめて聴いていた。土曜夜の九時から始まる『ここはどこでしょう』は、眠気をがまんしながら聴いていた。

紙芝居の自転車がときどきやってきた。拍子木《ひょうしぎ》の音が聞こえてくると、いそいで五円玉をポケットに入れ、握りしめながら友だちに声をかけ、社宅の広場に集まった。主人公が「カンラカンラ」と笑う『鉄仮面』が楽しかった。昆布や水飴などはなるべく買わずにまぎれこみ、「ただ見」の一員として紙芝居を演じるおっちゃんの声に集中していた。

映画館に連れて行ってもらう日は心がウキウキ。大牟田の繁華街にはいくつもの映画館があった。太陽館、大天地、松竹会館、セントラル会館、スカラ座などは封切館と呼ばれ、入館料が割高だったけれど人気だった。映画は見なれた現実の世界を突き抜け、見知らぬ世界に連れていってくれる。私はどちらかといえば、『ターザン』や西部劇などといった洋画が好きだった。

字幕全体を読みとる力はなく、会話の意味などはよくわからないのだが、魅力的な登場人物と展開される物語の世界に引き込まれていた。異国の習慣には驚くことがいっぱいで、心を揺さぶられ感心しながらみていた。めずしい建物や不思議な風景の場面では、ポカーンと口を開けていたのではないだろうか。映画について語りあう、おとなたちの楽しげな会話をきくのも楽しかった。

ジャン・ギャバン、マレーネ・デイトリッヒ、ハンフリー・ボガート、イングリッド・バーグマン、オードリー・ヘプバーン、アラン・ラッド、ジョン・ウェイン、ヘンリー・フォンダ、マリリン・モンロー、エリザベス・テイラーといった俳優の名前を耳にしていた。

そんな魅力的な映画の世界に、学校が授業として連れて行ってくれる。それが引率映画だった。午前中に一、二時間勉強をしたあと、校庭に集合する。そこで担当の先生から映画のあらましといくつかの注意をきく。それがすんだところで横二列になって行儀よく学校を出ていく。親子同伴でなければ行けない繁華街をめざすのだから、誰の心も騒ぐ。ついついおしゃべりの声が大きくなり、列が乱れる。そのたびに先生のおしかりの声が飛んでいた。児童数が多かったから、いくつかの学年に分かれて行っていたのだと思う。歩いて三十分以上かかったはずだが、遠いという感覚はまったくなかった。

中学生になってからも、引率映画は行われていた。先頭を行く先生たちもご機嫌だった。普段はむっつりしていて、近寄りがたい生徒指導部の先生までもが笑っていた。引率映画の日は、映画が終わると現地解散だった。

「くれぐれも、とちゅうで寄り道をしないように」

といつも念をおされていた。私は買い食いする金などないし、腹がへっているからいそいで家に帰った。しかし、家に帰っても昼食がないという友だちがいた。そんな子たちは、家には帰らず街中をぶらぶらするしかなかったようだ。補導の先生に見つかったらこわいが、先生の目をぬすんでぶらつくのは楽しいと言っていた。

一方、補導以外の先生たちにとっては、またとない「お昼」の時間だったのではないだろうか。それがまた先生たちの楽しみでもあったにちがいない。

いろんな映画をみた。内容はよく覚えていないが宣伝用のポスターには「文部省推薦」という文字があった。画面はほとんどが白黒だった。邦画が多かった。『お早よう』『二人の可愛い逃亡者』『ノンちゃん雲に乗る』などの題名を覚えている。『かあちゃんしぐのいやだ』『ニュルンベルクの戦犯十三階段への道』などは、みていて悲しくつらくこわかった。そのうちに白黒映画はしだいに減少し、映画の看板には「総天然色」という文字が目立つようになった。

カラー映画の到来。『青い大陸』『八十日間世界一周』『翼よ！　あれが巴里の灯だ』などをみた。知らない世界の広さや美しさ、めずらしさ不思議さ、人間の意志の強さなどに圧倒されていた。『十戒』や『ベン・ハー』など二時間を越える長編物の場合は、途中で休憩が入った。その休憩時間に、学校を出る時に配られていたコッペパンをほおばった。たまに塩コンブが入ったパンがあった。

映画をみてきた日は心がおどっていた。そうとう興奮していたと思う。家に帰った時に母がいたなら、おしゃべりの連発。「ああなって、こうなって」と聞いてもらった。夜になって父が帰宅したら、またひと講釈。安心すると夢見心地で眠りについた。引率映画は、おとなたちからの「すてきなプレゼント」。世界の広がりに幸せを感じていた。

世界の揺らぎ

運動会の日に

小学校三年生の秋。その日は小学校の大運動会で、夜が明けたばかりの早い時間帯に、仲良しのタカちゃんとゴザを持って家を出た。応援席の場所取りをするためである。空気がひんやりしていたが、新品のパンツをはいて張りきっていた。いったん家にもどってから、さっさとご飯を食べて、学校に行く準備をした。タカちゃんは、玄関先で待っていた。

「ノリちゃん、今日は早かやんね。毎日、もたーもたしとろうが。ばってん、今日は早かばい」

タカちゃんは、笑いながらほめてくれた。

母は、弁当を作ってから行くよと言っていた。父は日曜出勤だったが、仕事は早めにすませるからと言っていた。私は靴をそろえて置き、タカちゃんと裸足で学校に向かった。

開会式や準備体操がすんでプログラムが進行し、いよいよ徒競争の順番がきた。曲に合わせて入場行進が始まった。私は、何度も応援席の方に目をやった。しかし何としたことか、母の姿が見えない。敷いていたゴザが、誰かの手で脇によせられてしまったのかもしれない。だから、母は別の場所で見ているのだ。私は自分にそう言いきかせながら演技にのぞんでいた。

午前中のプログラムが終了し、お昼の時間になった。弁当を食べるための応援席に走ってもどると、敷いていたゴザは朝置いたままにあった。しかし、私の家族が誰もいない。父は魚釣りにでも行ったのだろうか。でも、母は来ているはずだ。だったらどうして？　私は急に不安になった。喉が渇いた。腹も減った。困っていると、タカちゃんが声をかけてくれた。

「ノリちゃん、ここでいっしょに食べとかんね。そんうちに、みんなこらす（来られる）たい。よかやんね、水筒はここにあるけん」

私はとりあえずその言葉に甘え、タカちゃんといっしょに腹ごしらえをした。

「どげん、さしたっじゃろか（どうされたのだろうか）？」

「何か、あったつかもしれん」

誰かのつぶやきが聞こえた。

昼休みの時間はどんどん過ぎた。しかし、母からも父からも、近所の人からも何の連絡もない。こんなことは今までになかった。何があったのだろう。時間がたつにつれ、ますます不安になった。そのうちに、午後のプログラムが始まった。

それから後のことだが、よくおぼえていない。運動会が終わった頃に父が来ていた。父の言葉をおぼえている。

「お母《か》さんが、家を出ていった」

すぐには信じられなかった。私は、ボオッとして立っていた。

その日以来、わが家の暮らしは大きく変わった。有給休暇に縁遠かった父が仕事を休み、てがかりを求めて母を探し回るようになった。たいへんな事態になっていることを実感した。家事のほとんどが父の肩にかかった。朝食と夕食のしたくから洗濯まで、父がするようになった。私は、父を困らせないようにしなければならないと思った。夕方の火熾しは私の仕事になった。外出する時は、鍵をかけなければならなくなった。ひたすら母の帰りを待った。朝は父が先に家を出るから、学校に行く時の施錠は私がした。父は好きだった釣りに、まったく行かなくなった。

かなり長い期間、父は釣りの道具を広げずにいた。私を励ましてやろうという気配りからか、本を買ってくれた。『ランゲージの神様』という本だった。読みにくいカタカナ文字が何回も出てくる。どうして、こんな名前なのか。私には題名の意図がわからなかった。「ランゲージ」などではなく、もっと簡単な名前にすればいいのにと、勝手なことを考えながら読んだ。

夕方になると、私は父の仕事帰りを待ちながら、「あくすい川」の流れを見るともなしに見ていた。人の気配を感じたら、さりげなくそこを去った。家に戻り、玄関前のささくれだった木の杭を眺めながら、一人でぼんやり考えていた。タカちゃんが時々、私に声をかけてくれた。

「ノリちゃん、おばちゃんは絶対帰ってこらすけん」

私は、タカちゃんの言葉を信じたかった。すがってかなうのなら、すがりつきたかった。しかし私の心の中には、それはないかもしれないという不安感の方が強くうずまいていた。

正月になっても母はもどらなかった。四年生に進級しても状況はかわらなかった。夏が過ぎ、また秋の大運動会がやってきた。運動会の前夜、父が巻き簾《す》を用意していた。運動会当日、父がお昼の弁当の時間に来てくれた。重箱に好物の巻き寿司があった。おしゃべりはほどほどにして静かに食べ始めた。すると、

「うわあ、きれいな巻き寿司やん。お父さんが作らしたと？　上手ねえ！」

同じ社宅のおばさんが、重箱をのぞきこみながらおほめの言葉。しかし、ちっともうれしくはなかった。むしろ、うるさいと感じた。悲しかった。父の気持ちを考えると、しかりつけたかった。

中原重俊先生

小学校五年生になると、学級担任が中原重俊先生にかわった。

「ノリちゃんは家に帰ると、よう中原先生の話ばしよったね。気のおうた先生に受け持ってもらって、おれはよかったて思いよった。それも運ばい。おおげさかもしれんばってん、そん頃は、ノリちゃんの人生の転機やったもんね」

いつだったか、タカちゃんがそう言った。

中原先生の語り口は、いかつい顔に似合わず、いつもおだやかでひかえ目だった。ときどき、まじめな顔のまま品のない話をされていた。六年生になってからはいっそう冴えていた。

「屁の話をしましょう。屁はブー、スー、ビーの三種にわかれます。ブーは音高く、匂いなし。スーは、音はなく匂い強し。ビーは音乱れ、物まで出るおそれあり。困ったものですね」

といった調子。しかし心の中では、

「これからの人生。みんな幸せでありますように」

という思いを強く持たれていたのだと思う。授業のあいまに、ヒロポンという覚醒剤の恐ろしさについての話もされていた。当時は、ヒロポン中毒が大きな社会問題となっていた。

自殺についての話もあった。

「将来のある日、ひょっとしたら自殺しようと思う人が、この中にいるかもしれません。どうかそんな時、すぐに自殺してしまわないでください。僕にも話を聞かせてほしい。たのんでおくからね。本当だよ」

といったぐあいだった。

「少しむずかしい話かもしれないが」

という前置きのあとで、「利己主義」と「個人主義」とのちがいを考える授業もあった。くわしくはおぼえていないが、「我田引水」や「自律」といった言葉をこの時に知った。

半信半疑の話もあった。しかしその話が最近になって、現実味をおびた感覚をともないながら私の頭の中をよぎる。

「みんながおとなになる頃はもっと豊かになって、家に一台の車が実現し、生まれて死ぬまで安心して暮らせる〝ゆりかごから墓場まで〟の社会がやって来るでしょう」

当時は、通勤用の自転車が各家庭に一台あるかないかという状況だった。したがって、中原先生の話は夢物語としてしか聞いていなかった。ところがどうだ。乗り物については、たしかに実現した。今では、自転車は格安で売られ、車は家に二台というのが普通になったではないか。中原先生の予見は当たったのだ。

その時、中原先生はもう一つ大切な話をされていた。

「アメリカという国はね、うらやましいほど豊かで、車はもちろん大きな冷蔵庫なども普及しているらしい。しかし、自殺者も多いそうだ。自殺の理由は、いろいろあるのだろうが、貧富の差が影響しているのではないかと言われている。日本の場合は現在、お金持ちの人からは税金を多くとり、貧しい人の税金は少なくするというしくみになっている。これを累進《るいしん》課税というう。地道な方法だけど、みんなの暮らしが全体的によくなるようにということなんだよね」

おとなになると、考えることがいっぱいなんだ、と思いながら聞いていた。

音楽も中原先生に習った。先生といっしょに歌った。『おぼろ月夜』が、ほろ苦い思い出とともによみがえってくる。

六年生最後のバス旅行の帰りのことだった。ガイドさんが言った。

「まもなく学校です。お別れの前に、みんなで校歌を歌いましょうか」

私たちはためらうことなく、独唱する主人公のように姿勢を正して歌い始めた。

「わが北校のグランドに……」

するとその時、中原先生が立たれた。

「ちがう、ちがう。それは校歌じゃない」

先生は、両手を上げ下げしながらみんなの歌を制止された。私たちはキョトンとして、バスの中が一瞬静かになった。そして、ざわめきがおきた。

「これ、校歌じゃなかと？」

「運動会の初めに、いつも歌いよったよ」

「そんなら、校歌は？」

私たちは先生の言葉の意味が理解できないまま、つぶやいていた。中原先生は意を決したようにあらためて立ちあがり、ガイドさんに説明された。

「この学校にはまだ校歌がないのです。今、歌い始めたのは運動会の歌なのです」

あやまるように説明する先生の顔がとても悲しそうだった。

「えっ、校歌はないと？」

六年間もいながら、私は校歌がないことをこの時初めて知った。しかもこんな場所で。誰もが信じられないといった表情でシートに沈みこんだ。

その時、ガイドさんの声がひびいた。

「ごめんなさいね。それじゃあ今日、一番の人気だった『おぼろ月夜』。これを最後に合唱しましょうか！」

バスの中がふたたび元気になった。

「菜の花ばたけに　入り日うすれ……」

私たちは何度も何度もくりかえし歌った。

それから数カ月後のこと。卒業の日を前にして、「校歌」が披露されることになった。

　雲仙とおく　日にはえて
　バラ色雲が　よんでいる
　朝ですぼくたち　わたしたち
　ああ駛馬《はやめ》北　小学校
　正しく強く　はげみます

私たちが知らぬまに、すてきな卒業祝いが用意されていたのだ。私たちは駛馬北小学校の校歌を最初に合唱する六年生となった。

ホットミルク

私の小学校時代の学校給食には、脱脂粉乳が使われていた。廊下には、ドラム缶のような大きな紙製の容器が置いてあった。「アメリカからの贈りものです。感謝していただきましょう」

と、星条旗のマークが入ったステッカーが貼られていた。

その粉乳を溶いて作られたミルクは、冷たくなるとへんな臭いと味がして、おいしくなかった。飲まなくてはならないから、がまんして飲むといったものだった。そしていつのまにか、私はミルク嫌いになっていた。さらには市販の牛乳までも。転機がおとずれたのは、小学校五年生の時だった。

三年生の秋に失踪した母は家には戻らず、四年生の時に離婚の手続きがとられた。しばらくは父との二人暮らしだったが、五年生に進級する春に父が再婚した。私には、どうすることもできなかった。父の決定に従うしかない。元には戻れないということだけは理解できた。

あれこれ聞こえていたが、私は、誰も恨まないようにしようと決めていた。新しい暮らしが始まるのだと思った。母となる女性《ひと》の名前はキヨヱさん。キヨヱさんが私の継母になる。これからはキヨヱさんを「おかあさん」と呼ぶのだ。

私の小児結核の治りぐあいは、「要注意」の段階にまで改善していた。走ったりボールを投げたりする運動も少しはできるようになっていた。しかし冬のある日、私は風邪をひいてしまった。風邪は万病のもと。用心して学校を休み、静かにふとんに入っていた。

目を覚ますと、キヨヱさんが台所に立っていた。

「目がさめた？　何か口にしてみる」

と言いながら、キヨヱさんが温めた牛乳とトーストを出してくれた。寝床からのぞくと、白い磁器のカップから湯気が立ちのぼっていた。

なんだかうれしくなり、「ほおっ」と思わず起きあがった。カップを両手で包んでみると、ほどよいぬくもりが伝わってきた。へんな臭いも感じない。飲めるかもしれないと思った。そして一口。そして、もう一口。トーストを食べながらもう一口。けっきょく全部飲んでしまった。

「飲んだよ」と私。

「そう、よかったね」とキヨヱさん。

私はいいことをしたあとのように安心し、再びふとんにもぐった。

風邪のなおりは思ったより早かった。それから数日後、その日は社宅の共同風呂が休みだった。私はタカちゃんと連れだって近くの宮原湯に行った。銭湯でやってみたいことがあった。風呂あがりに牛乳を飲むのだ。宮原湯には、刺青姿のおっちゃんが何人かいた。社宅の共同風呂より狭いのに、刺青を入れた人はこちらの方が多かった。「こんにちは」と言って、いっしょに湯壺に入った。

風呂から上がり、瓶入り牛乳を初めて自分で買った。そしてみんながするように、大型扇風機の前に立ち、片手を腰に当てグビングビン。きれいに飲みほした。

「ああ、うまか」と思わず声が出た。すると私の横で声がした。

「気持ちんよか飲み方ばするね」

刺青姿のおっちゃんだった。着替えを済ませたタカちゃんが、その横で笑っていた。

トマトを買いに

家の手伝いをするということを、はっきり意識するようになったのは、小学校高学年になってからだった。共同水道だった頃は、バケツに水を汲んできて流しに置いていた。一日に運ぶ回数をへらすために、バケツを二つにしてもらった。共同水道から両手に持って運んでいた。

家の中に水道が引かれてからは、七厘で火を熾すことが私の仕事になった。隣の家にたのまれて熾すこともあった。ガラ運びの手伝いがあったが、これは同級生に会ったりするので恥ずかしく、がまんの時間だった。それでも自分の役割だと思い、欠かさずに続けた。

そんなある日、キヨヱさんに頼まれてトマトを買いに行った。かつて暖溜《ぬくたまり》と言っていた末広町の八百屋さんに入った。正しい選び方がわからなかった。とりあえず、赤いトマトを探した。赤く熟れたものを選んで買って帰った。それなりに自信をもってトマトとおつりをキヨヱさんに渡した。すると、キヨヱさんは何となく困った表情にかわった。

「赤く熟れてるやろう」

と、私はキヨヱさんの顔を伺った。キヨヱさんは、

「うーん。赤いけど古かったね」

とつぶやいた。そして、

「ほら、ここを見て。トマトはね、このヘタのところば見るとよ。ここが青々していたら新鮮。でも、これは黒ずんでしなびとるやろう。時間がたっとる証拠よ」

その言葉で、私はしょぼん。

「そげんがっかりしなさんな。食べられんわけじゃないとやから」とキヨヱさん。

後から考えたのだが、キヨヱさんは予想していたのかもしれない。失敗しても、その後に失敗の原因を考えさせればいいのだから。

たかがトマトを買いに行くだけのお手伝い。しかし、私にとっては野菜選びの貴重な体験となった。

郵便はがき

料金受取人払郵便

福岡中央局
承認

45

差出有効期間
2018年4月30
日まで

810-8790

157

(受取人)
福岡市中央区渡辺通二—三—二四
ダイレイ第5ビル5階

石風社

読者カード係行

注文書◆ このハガキでご注文下されば、小社出版物が迅速に入手できます。(送料は不要です)

書名	定価	部数

＊郵便振替用紙を同封しますので、送金手数料は不要です。

ご愛読ありがとうございます

＊お書き戴いたご意見は今後の出版の参考に致します。

三池炭鉱 宮原社宅の少年

（　　歳）

ふりがな
ご氏名

（お仕事　　　　　）

〒
ご住所

☎　　（　　）

●お求めの書店名

●お求めのきっかけ

●本書についてのご感想、今後の小社出版物についてのご希望、その他

月　　日

高巣巴先生

私の世代は第一次ベビーブームのはしりで、母校となる米生《よねお》中学校でも教室は不足していた。全員が入れる講堂はなく、雨天時に活動できる体育館もなかった。中学校の男子は丸刈りがならわしだった。私も生まれて初めて坊主頭になった。恥ずかしいので学生帽をかぶって家を出た。入学式は運動場で行われた。米生中学校には、駛馬《はやめ》北小学校と駛馬南小学校から入学してくる。どんな日々になるのか、期待と不安でいっぱいだった。

その日は晴れていた。私は一年九組の列に並ぶように言われた。式のおおよそがすみ、担任発表と教室への移動となった。それまで職員室で待機していたと思われる先生たちがそれぞれの列の前に立ち、引率が始まった。次は私たちの九組という時に、十組が先に移動を始めた。私は「おやっ？」と思った。

五十人ほどの九組の生徒と数人の保護者だけが、静かな校庭に残された。誰もがどうしていいのかさっぱりわからなかった。ざわめきが広がり、おしゃべりが始まった。列は乱れた。どうなっているのだろうと私も不安を感じた。その時、甲高い声が響いた。

「なんばしよっとかね。はーい！　静かに並んで。それでは教室に移動するよ！　九組の人はついて来なさい」

突然現れ、何事もなかったかのように声を張り上げ、さっさと教室の方に向かったのは、ふっくらしたおばあさん先生だった。みんなはあっけにとられた。私は若い男の先生を予想していたので、がっくりした。教科書購入のために来てくれていた父は苦笑していた。ついていくしかない。これが、高巣巴先生との出会いだった。

しかし、がっかりしたのはこの日だけだった。学級会での話を聞き、音楽の授業を受けてから、私はいっぺんに高巣先生に魅かれた。何というか、中学生になったという実感が湧くのである。先生の歌声はのびやかで美しかった。世界は広く、多様な文化があることに気づかされた。寝台特急列車「あさかぜ」の車中での様子や、「フィンガーボールの話」など、どれも興味深かった。いつか自分も旅をしてみたいと思った。

先生の体験談や生徒とのやりとりからは、私たち一人一人は大切にされなければならないのだという信念が伝わってきた。とくに、暴力やいやがらせ、いじめや待ちぶせといった卑怯な行為についての話は考えさせられた。

「いいか、仕返しをこわがって隠せば、いっそうひどくなるとぞ」

なるほど、そうだと思った。

「そういう行為を受けた時は、おどしにひるむな。よかかい。そのつど私に言え。かならず私たちが守るから」

本当だろうかと思った。しかし、そういう話をする時の先生には凄みがあった。女の人で歳もとっているのに、この迫力は何だろうと思った。私は先生の話を信じることにした。そして幸か不幸か、その試練は早くもやってきた。

学期の途中で転入してきたツチダくんと一緒に帰っている時だった。

中学校からの帰り道の一つは、宮原坑の横を通る。当時としてはしゃれた造りの職員住宅があった。

学校から宮原社宅への帰り道はだいたい二通り。一つは、通称「会社の水道課」の脇を通る道。もう一つは通称「ガタガタ橋」を渡って右に曲がり、すでに廃坑となった宮原坑脇を、炭鉱電車の線路ぞいに通る道。宮原坑を過ぎたあたりにレンガ工場があった。そこは、呼び出しや待ちぶせの場所としても知られていた。私たちはそこで待ちぶせにあった。

顔見知りの上級生と同級生数人に囲まれた。この時にねらわれたのはツチダくんだった。上級生から「お前がツチダか」ときかれた。ツチダくんが「そうやけど」とこたえた瞬間に殴られた。こういう場で理屈は通じない。次は自分の番だと思った。その時、三年生の先輩が偶然通りかかった。声をかけてくれてその場はおさまった。

別れぎわに「学校で目が合ったんよね」と、ツチダくんが言った。いわゆる「ガンをつけた」と思われたのだ。高巣先生の話は、こういうことについてだったのだと思った。

私はこれからのことを考えた。とにかく、おどおどして過ごすのはいやだ。いやがらせや仕返しがあるかもしれないが、卑怯者には負けたくない。私は事件のことについて親には言わなかったが、次の日、高巣先生に知らせた。先生たちがどうするのかはわからない。しかし、次に待ち伏せがあったとしても先生に知らせ続けると決めていた。

たとえ仕返しがあったとしても、懲《こ》りずにおとなたちに伝える。話を聞いてくれそうなおとなたちに、そのつど知らせて相談する。そして、おとなになってからは自分が子どもたちを守る。そんなことを考えていた。

予期した通り、数日後に再び待ちぶせにあった。こんどは、「会社の水道課」の脇を通る道でだった。走り幅跳びの練習を終え、一人で帰っていた。ツチダくんを殴った子ではなく、同級生の三人だった。そのうちの一人が、いきなり私の胸ぐらをつかんだ。

「お前、ツチダばくらせた（殴った）時、先生に言うたろう？」

「言うた」

「今日のこつも、言うとか」。彼は私をにらみつけ、すごんだ。

「言うと思う」。すると、もう一人が彼の方を向いて言った。

「ほらね。こんやつはしからしかっじゃん。また先生に言うばい。そしたら俺たちが呼び出さるったい。だけん、やめとったがよかて言うたやん」

すごんでいた子が、私の胸元から手を離して、地面に唾をはいた。

「くそったれが。ほんこつ、しからしか。もうよかけん、帰れ」

結局、何事もなかった。

私には「しからしか（めんどうな）やつ」というレッテルが貼られたのである。だがこの日以来、こうした待ちぶせはたしかになくなった。高巣先生の言う通りだった。

いじめや暴力はカビに似ている。カビは太陽の光で消えていく。力で従えようとする者は、まっすぐな視線をきらう。いじめや仕返しをなくすためには、そこに多くの人の視線を集めなければならない。うるさいと思われても、懲りずに光を当て続ける。いじめに特効薬はないのだから。

ところで、校歌というものの多くには歌詞のどこかに校名がある。しかし、米生中学校の校歌には、「米生中学校」という歌詞はない。だからこそ、私はそこに格調を感じていた。おとなになってからでも、一人で酒に酔った時などに時々口ずさんでいる。

小岱、高く　雲、湧きて　春秋かおる、米生台
たけき命を　ひたすらに　正義の道に　つちかわん

ウナギと梅干し

宮原社宅で暮らしていた頃、ウナギを食べたあとの口直しに梅干し、といった人はいなかった。ウナギと梅干しは「合食」だったからである。「合食」と書いて、「がっしょく」と読む。合食というのは、食べ合わせのこと。いっしょに食べた場合、急に腹痛を起こしたり、下痢をしたりする食べもののこと。キノコやフグを食べて、その毒で死ぬといったものではなく、いっしょに食べた場合に危険が生じるとされる二品のこと。

社宅の家の柱や台所のすみには、合食一覧の貼り紙があった。薬の行商に来ていた人が置い

ていったと記憶している。鮮やかな色刷りだった。「ウナギと梅干し」、「カニと氷」、「スイカと天ぷら」、……。けっしていっしょに食べてはならぬもの。もしも、いっしょに食べたらたいへんなことになるという食の組みあわせ。

私たちにとってそれは、迷信などではなかった。三池港で釣ってきたカニを食べた後でかき氷を食べるとたしかに腹痛を起こしていた。とりわけ「ウナギと梅干し」が一番こわかった。命を落とすほどの合食だと言われ信じていた。生まれて三十年以上も。

ところが、「ウナギと梅干し」の合食については、根拠がないらしい。偶然テレビを見ていて知った。両方を食べた被験者がケロッとしていたのだ。驚きだった。

ではなぜ、そう信じられ続けたのか。もったいなかった三十年。私はそのことについて考え続けていた。そして、きっとたいした理由はないと思うようになった。ウナギは高価だから食べ過ぎるなという戒め。そのように総括した。

しかし、そう納得したはずの今でも、ウナギのあと口に梅干しをという感覚は生じない。いまだに意識し、ふり払っている自分を感じる。梅紫蘇だったら抵抗なく食べるけれど、残念ながら、梅干しだけは口にできないでいる。

私は小学生の頃、父の自転車に乗せてもらったり自分でこいだりして、よくウナギ釣りに連れて行ってもらっていた。行く日は、初夏から真夏にかけての日曜日。前日に、私はミミズ掘りに精を出した。フナ釣り用の通称シマミミズとウナギ釣り用のヤマミミズの二種類を掘り、木箱に入れておいた。夜は、仕掛けの手入れをしている父のかたわらで眠りについた。

「行くかい。行くなら、起きらんね」

という父の声でとび起き、いそいで支度をした。

朝日がのぼる頃には、釣り場に着いていた。海岸近くの、潮が出入りするクリークが私たちの釣り場だった。シマミミズよりひと回り太いヤマミミズを、ウナギ専用の針につけて、父にふり込んでもらった竿の先を目をこらして見つめた。ウナギ釣りの開始である。

ウキは寝かせてあった。つまり、餌のミミズやおもりは底に着いた状態になっている。フナ釣りの場合は、ウキは立たせていた。父はせっせと竿を出し、またたくまに長めの竿が10本ほど並んだ。

全部が並ばないうちに当たりが来た。ウキが消え、竿はどれだろうと探しているうちに、竿先が押さえこまれるように水中に突っこむ。「ウナギだ」と自分に言いきかせながら、両手で竿をしっかり握って立てる。握りが弱いと、竿ごとウナギに持っていかれてしまう。粘っこい引きあいの末、真白い腹をくねらせながら、ウナギがあがってきた。

釣れたウナギは、手ではつかまない。右手に竿を持っている場合は、左手で深めのタモ（掬い網）を持つ。竿でさらに引き寄せ、竿の反動でウナギが宙づりになったところを、タモに入れる。ウナギがタモに入ったら、竿を置いて、網の口もとを手で絞る。そして竿をハサミに持ち替え、ウナギの口より少し上の、ハリスという部分を切って完全にタモにおさめる。この一連の取り込みは、てぎわよく行う必要がある。そうでないと、ウナギは強い力で全身をくねらせ、ハリスの上の道糸にまで胴体ごとからませてしまうからである。タモにおさめたウナギは、用心しながらビクの中に移す。ハリスを切るのは、ウナギがハリごと餌を飲み込んでいるから。ウナギの中のハリは捌《さば》いたときに出るので心配はいらない。とりあえず、一匹あがり！　となる。こんなふうにして、私たちは夕方近くまで釣りに専念し、親指大のウナギを二十匹くらいお土産にして帰った。

　家にもどったら下ごしらえ。共同水道に用意する道具は、足のついた俎板と錐《きり》と金槌とボール。そしてよく切れる刃先の短い包丁。さらにウナギのぬめりを拭き取る新聞紙。こうしたものを器用に使い分け、父はウナギの背割りを次々と作った。

　骨の部分も貴重な食材になる。私の仕事は七輪の火熾し。当時はガラ箱に貯めていた配給のコークスを主な燃料としていた。七輪に火が起こると金網をのせ、捌いたウナギを焼いていく。

　タレの材料は砂糖と醤油のみ。大きめの器にたっぷりの砂糖を入れて醤油を加える。ドロッとした状態にする。これに素焼きのウナギを漬ける。漬けたウナギはまた金網にのせて表面をあぶる。これをくり返していくうちに、ウナギの肉汁がタレにしみこんで、うまみのあるタレができあがっていく。骨も焼いてタレにつける。チュンと音がして香ばしい匂いがただよう。頭の部分ももちろん焼く。作業に時間がかかり深夜になることもある。家の周りが静かになっても、水道場と玄関前には手作りの電灯が灯っていた。

　中学生になってからも、父はウナギ釣りに行っていた。どんぶりに盛られたかば焼きはわが家の夏の保存食。冷えても旨いけど、食べる分を小鍋で煮直す。学校に持っていく弁当のおかずも、ほぼ毎日ウナギだった。肉やソーセージ、鶏卵といったものは値段が高くて、めったに買えない。ウナギが貴重な蛋白源だった。

　しかし、栄養価が高くうまいといっても、五月から七月までの弁当にウナギが続けば、他のものがほしくなる。私は麦ごはんの真ん中に、梅干しがほしかった。梅干しさえあれば、毎日がウナギでも大丈夫だったと思う。だけどそこにはジレンマが。なにしろ、ウナギと梅干しは合食だったのだから。

　そんなある日の弁当の時間に、同じクラスのフジタくんが大きな声で言った。

「おおー、ウナギやっか。贅沢っかおかずば持ってきとる。見てんか、ウナギぞ」

そして、自分の弁当箱のウインナーソーセージを箸でつまみながら言った。

「農中、そのウナギば、ちょびっとでよかけん、こんウインナーと交換してくれ」

まさに渡りに船。一切れのウナギの半分をフジタくんの弁当箱に置いてやった。おかずの交換だ。フジタくんは大喜び。

私はこの時に初めて、赤い色のウインナーソーセージを食べた。

あたまんようなると自殺するげな

まもなく中学生という春の日のこと。気になる言葉をきいた。宮原社宅の広場に集まり、遊び仲間といっしょに独楽《こま》の根をヤスリでといでいる時だった。三つ年上のマーちゃんが加わり、そのマーちゃんが言ったのだ。

「あたまんようなると、自殺するげなぞ」

標準語にすれば、「頭がよくなると、自殺するらしいぞ」となる。すると他の誰かが次々に言った。

「そうばい。だけん通信簿（通知表）の点数は三が一番よかげな」

「通信簿で五とかもらうもんは、ちいっとおかしかっじゃんね」

「ふつうでよかて、おりげん（俺の家の）母ちゃんも言いよらした」

「だいたい五とかもらうもんは、社宅にはおらんとじゃなか？」

私の心は穏やかではなくなっていた。黙って、独楽にヤスリをかけながら自問自答をしていた。

〈頭がよくなると自殺するらしい。本当だろうか。だったらみんな、何のために勉強しているのだろう？〉

するとと私の沈黙にはおかまいなしに、次のやりとりが始まった。

「ノリちゃんの通信簿には、五があるとばい」

「そげんかこつは、なかやろう（そんなことは、ないだろう）」

「ばってん、いつやったか、ノリちゃんから聞いたもん」

「うそやろう。四はあるかもしれんばってん、五とかはなかくさ」

「そんなら、みんなで見たらよかやん」

「そりがよか（それがいい）。ノリちゃん、通信簿ばもってきて、見せてんね」

「ヤスリかけは、おれたちがしとってやるけん。ちょっと家から持ってこんね」

というわけで、私は独楽の根のヤスリかけを中断し、小学校最後の通信簿を取りに家にもどった。通信簿をみんなに見せるなんて、初めてのことだ。仏壇の引き出しから通信簿を取りだし、みんなの所に持って行った。

「わっ、ほんなこつ。五が三つもある」

「体育だけが三ばってん、あとはみんな四と五ばい」

「社宅ん中にも、五ばもろとるもんがおったつばいね」

「ノリちゃんは、そげんあたまんよかったつか」

「こげんか通信簿やったら、おれもほしか」

そんなやりとりの中で私は黙々と独楽の根にヤスリをかけていたが、心はざわめいていた。

「五とかもらうもんは、社宅にはおらん」と言っているが、同じ社宅で同級生のアキちゃんは私よりもっと五をもらっている。それなのに「五とかもらうもんは、ちいっとおかしか」とも言っている。アキちゃんや私はどこかおかしいのだろうか。

私は、タカちゃんの帰りを待ち、共同風呂に誘って尋ねた。タカちゃんは、「そげんか話は聞いたこつんなか（そんな話は聞いたことがない）」と笑った。

数日後、独楽の回りぐあいを一人でためしていると、マーちゃんが広場にやって来た。マーちゃんは何かもっと知っているかもしれない。

「あたまんようなると自殺するげなって、言いよったやろう。ほんなこつね（本当のことね）」

「ああ、このまえん話か。おれも聞いてびっくりした。ばってん、嘘じゃなかごたる」

「そげな事件が本当にあったとね？」

「国語の教科書で習うダザイとか、なんとかリュウノスケって知っとるか。教科書にも出るけん有名やし、そうとう頭んよかはずやろう。ばってん、そげんか人が自殺しとらすとたい。ふたりとも」

「へえ、知らんやった。ほかにも、おらすとね？」

「身近に、おらすげな（おられるらしい）」

「ちょっと待って。宮原社宅にもね？」

「いや、おれが聞いたつは、他の社宅の話やった。せっかく大学の試験に通って、東京に出てから二、三年して自殺さしたげな」

「えっ？　大学に合格したあとで自殺さしたと？」

「そうたい。東京の大学に行くぐらいやけん。頭はそうとう良かった思うばい。だけんほら、頭んようなると、自殺するとげなたい」

　当時、社宅と呼ばれていた地域は大牟田にはたくさんあった。駛馬北小学校区には鉱員社宅である宮原社宅の他に三井化学や三井金属、三池合成といった炭鉱関連事業所の社宅がいくつもあった。小学校のすぐ北には東洋高圧の東圧社宅があった。米生中学校に行く途中には、染料アパートと呼ばれる最新の社宅があった。米生中学校には駛馬南小学校からも進学してくる。その校区に、宮原社宅の戸数以上の臼井社宅と野添社宅があった。大牟田市全体には十戸前後という小規模社宅もあり、鉱山全体で何か行われる場合は、小規模社宅は「外来」という名称で一つにまとまるようになっていた。

大学まで行って自殺したという話は父から聞いたことがあったので、宮原社宅のどこかの家庭の話かもしれないと思った。

自殺の話はそれ以上聞きたくなかったので、中学校の他のことをマーちゃんにきいた。

「中学校の授業は先生がかわったり、教室がかわったりするとやろう。えすか（こわい）先生もおらすとじゃなか?」

「そうたい。ばってん、たいしたこつはなか。鉄仮面とか馬んクソとか、しからしか（うるさい）奴はおるばってん」

「馬んクソね。それはあだ名やろう。なんで、そげんかあだ名になると?」

「道端《みちばた》に、馬車曳《ひ》きさんの馬がぽたぽた糞《くそ》ばしとるやっか。ほら、馬糞《ばふん》の落ちとろうが。ほんなこつか、しらごつか（本当か嘘か）わからんばってん、そん馬糞ば集めると馬糞紙（ボール紙）ができるげな。図工の先生やけん（だから）、何でん集めらす。だけん、そげんかあだ名がついとっとたい」

なるほどと思った。

中学校の入学式が近づいた。米生中学校は長髪禁止だとタカちゃんに教わっていた。恥ずかしいしつらいけど、がまんして坊主頭になる。そして勉強しても自殺せんように気をつける。下駄を買ってもらってカランコロン鳴らしながら通うのだ。私は小学校の卒業式を前に、そのようなことばかり考えていた。

中学校に入学して、さっそく「馬んクソ」のあだ名をもつ先生に注目した。やはり図工（のちの「美術」）を担当する先生だった。小柄だが、さっぱりした感じのおじさん先生。「馬んクソ」というあだ名は似合わないと思った。

版画の学習のために彫刻刀を購入しなければならなかった。彫刻刀はおさがりの中古だと切れが悪いし、三年間通して使うから全員が私物として買うことになっていた。この時、もうひとつのあだ名があることを知った。それは「借金とり」。

教材費を立て替えているので、「代金未納のもんは、早よもってこい」と言わなければならない。当たりまえのことなのに「借金取り」。このあだ名も似合わないと思った。

ただ、気になることがあった。しかり方である。授業中に先生が席をはずし、教室を出ることがある。そうすると、みんながいっせいに騒ぎ始める。廊下に出て相撲をとったりするものもいる。そんな時、先生が戻って来る。当然、おしかりだ。乱暴な言葉だった。

「お前たちは、なんば考えとっとか。なんで、することばしとかんとか。お前たちは一山いくらのくされリンゴと同じぞ。何回注意しても、ぜんぜん反省ばせん。お前どんがごたっとは、裏のひょうたん池に落ちてしまえ！」

と、こんなぐあいなのである。私たちは一山いくらのくされリンゴらしい。「一山いくらのくされリンゴが！」と何回言われたことか。

「よそで食う飯は、石のごたっとぞ」とも言われた。

高校へは行かず集団就職で働き始めた場合、それはとてもつらい日々になるのだということを伝えたかったのだと思う。先生は私たちの将来を心配していたのだ。しかし「馬んクソ」先生の説教は言葉足らずだった。生徒がわかってくれないことへのいら立ちがあったのかもしれない。

もし、「あたまんようなると自殺するげな」という言葉に感想を求めたら、「馬んクソ」先生はどんな返し方をされただろうか。

さて、中学校に入るとすぐに実力テストというのがあった。結果がわかるとは聞いていたが、くわしくは知らなかった。数日後の夕方、私は共同水道で靴を洗っていた。そこへ、卓球部の練習を終えたタカちゃんが帰ってきた。ニコニコしていた。

「ノリちゃん、何番やったと思うか」とタカちゃんが言った。

何のことか、はかりかねていると、

「十番ぞ。四五〇人くらいの中の十番。一年生は実力テストがあったろうが、その席順たい。二百番目まで紙に書いて、職員室の前に張りだされとる。びっくりしたばい。なんさま（とにかく）うれしか。おばちゃんとおっちゃんに早よ言わんといかん」

とタカちゃんが知らせてくれた。

きっとすごいことなのだと思った。翌日、その貼り紙を見た。たしかに十番目に自分の名前が出ていた。これかと思った。そして、解けない問題がいっぱいあったことを思い出し、複雑な気持ちになった。

〈これからもテストの度に貼りだされるのだ〉

とりあえずの安心とつかみどころのない焦りのようなものが、心の中で広がったり縮んだりしていた。

それからさらに数日後、またテストがあることを知らされた。隣の席のテッちゃんが教えてくれた。今度のテストは結果が張りだされることはないし、通信簿に書かれることもないという。知能テストというものだった。

「おりげん（俺の家の）あんしゃん（兄ちゃん）の言いよらしたけん、まちがいなか」

テッちゃんは余裕だった。さらに、

「そげん（そんなに）むきになって書かんでもよかげな」

ともつけ加えた。翌日、その知能テストが行われた。私はテッちゃんのアドバイスを信じてむきにならず、ゆっくりじっくり考えながら回答した。そしたら次の日、担任の高巣先生から職員室に呼び出されて言われた。

「おまえは昨日のテストの時、ちゃんと書かんやったろう」

「適当に書いてよかげなて、みんなが言いよったけん、ゆっくり書きました」

と、私はまわりのせいにしながら言いわけをした。

「そうか、そんなら今日の放課後、もう一回テストば受けろ。よかか」

と念をおされた。先生の話し方は穏やかだったが、「手抜きはするな」としかられたのだ。


中学生になって一番興味があったのは、英語の勉強だった。英語用のノートにアルファベットの文字を筆記体で書いていると、中学生になったという実感がわいた。入学祝いに伯父から貰ったシャープペンシルでていねいに練習をした。筆記体と活字体の区別ができるようになった。そして単語の勉強に進んだ。

教科書は「ザ・サン・イングリッシュ」だったと思う。

ある日の授業で、板書をノートに写すようにと言われた。その板書は今でも覚えている。

　月見て団子、のぞ**マンデー**
　火に水を、**チュウズデー**
　水田、稲を**ウエンズデー**
　木刀、腰に**サースデー**
　金髪料理は、**フライデー**
　土産を持って、ごぶ**サタデー**
　日本男児は、乃木**サンデー**

曜日を覚える勉強だった。しかし英語ではなくカタカナの板書だった。変だなと思ったが、こういう勉強の仕方もあるのだと思いながらノートをとった。「わかりやすか」と誰かが言った。

隣のテッちゃんが小さな声できいた。

「土産（どさん）て、何のこつか?」

「みやげて読むとたい。漢字で書くと土産。土曜日の土《ど》」

「もういっちょ。乃木ちゃ、何か?」

「ノギたい。乃木大将さんのこつ。日露戦争で手柄をたてたという昔の軍人さんたい」

なんで、こんな覚え方をしなくちゃいけないのか。ややこしいなと思った。その一方で、

「あたまんようなると自殺するげな」けん（だから）、これでいいのだと自分にいいきかせていた。しかし正直なところ、戸惑っていた。おもしろいけれど、なぜアルファベットで書かないのか。

ふりかえって思うのだが、「ギブ・ミー・チョコレート」の応用語だったのかもしれない。かつて、アメリカの進駐軍兵士におねだりする時の英語。スペルは書けなくてもいいから、カタカナ英語で曜日の発音くらいは覚えておけ、ということだったのであろう。もともと月とか日とか土とかは、天体にちなんだ言葉である。英語圏の子どもたちは、どのように教わるのだろう。そうしたことを含めて学びたかった。すくなくとも、アルファベットでの表記もしてほしかった。

授業が進み、単語の複数形の勉強に入った。先生が「pen」と板書し、「これは単数です」と言った。その時、教室の後ろの方の席でいつもよくおしゃべりをしているニシヤマくんが、「そしたら先生、ナガモチは？」と茶化《ちゃか》した。「箪笥《たんす》」と「長持《ながもち》」を引っかけたのである。私はそのトンチに感心したが、先生はそうではなかった。「ニシヤマ！　前に出てこい」と怒った。ニシヤマくんが前に出て行くと、先生は叩くかわりに教卓の中にニシヤマくんを押し込んだ。そして「おまえは、ここにおれ」と怒鳴った。ニシヤマくんはヘラヘラ笑いながら教卓の下にもぐった。してやったりの表情だった。

中学生最初の中間テストが始まった。英語の活字体と筆記体については完璧に覚えた。「サンデー、マンデー」も覚えた。自信があった。しかしテストの結果はさんざんだった。ヤマがはずれたという方が正確かもしれない。「次の日本語を、「　」の中に英語で書け」とあった。一「　」二「　」三「　」という問題だった。「ワン」「ツウ」「スリー」なのだが、スペルが出てこない。勉強していなかったのだ。白紙で出すのはくやしいから、おそらくイギリスやアメリカでも使われているはずのあれだと考え、「１」「２」「３」と万国共通の数字を書いて出した。一つ四点だとして、半分の二点はもらえるとふんだ。しかし全部ペケだった。

最初のテストで、英語の勉強の仕方がわからなくなった。自信を失くしたというべきかもしれない。しかし不思議とあせりは感じなかった。なにしろ、「あたまんようなると自殺するげな」なのだから。

私は中学校で初めて習う英語の勉強につまずいた。原因はあくまでも自分の勉強の仕方にあったのだと思う。しかし英語と初めて向き合う時に、「あたまんようなると、自殺するげな」という言葉を聞かされ、少なからずおじけづいていた。不吉な世界に引き込まれるのではないかと臆病になっていたようにも思う。

この言葉には、じわじわ効く毒のようなものが仕組まれている。それは、のびのびした学びをよどんだものにする。しかも説得力がある。言った人に責任があるとは思わないが、この言葉は誰かが意図的に流布していたのではないか。そんなふうにさえ思えた。

「あたまんようなると自殺するげな」は、中学卒業後の進路を考える際に、またしても首をもたげた。

「人生、勉強ばっかりしとったらろくなこつはなか。高校に行くとはよかばってん、早よ仕事ばして稼がなん。勉強はほどほどでよか」

そんな会話を、あちこちで聞くようになった。

表現は異なるけれど、「あたまんようなると自殺するげな」と重なる。普通高校に進学してさらに大学をめざすなんてもってのほか、と言われているように聞こえた。当時、大牟田市には実業高校として工業と農業があった。通称大南《だいなん》（大牟田南高校）には普通科と商業科があった。三池工業高校が、家から近くて就職にも有利だと聞いていた。私は迷っていた。父にも相談してみようと思いながら、とにかく迷っていた。

そんな時、卒業時の担任の先生が、「奨学金の試験を受けて大南に行け」と推《お》してくれた。奨学金制度というものがあることも知った。私は特別奨学金の給付を受けるために、前もって久留米市にある会場で試験を受けることにした。問題が難しかったが運良く通った。そして、高校入試で大南の試験にも合格。私は、「あたまんようなる道」を選んだ。

明日への共同風呂

宮原社宅の家々に風呂はなかった。それぞれが一つの共同風呂に通っていた。

宮原社宅の周囲は灰色のブロック塀で囲まれており、七カ所ほどの通路で外の地域と通じていた。社宅の人たちは、社宅の外や周辺のことを塀の外という意味で「外《がい》」と言っていた。宮原社宅の地番はどの家も宮原町二丁目六十七番地。長屋にはそれぞれに「何棟」という番号があって、三十棟が私の家だった。共同風呂は社宅のほぼ真ん中あたりにあった。社宅の人たちは石鹸とタオルと洗面器を持って、春夏秋冬この共同風呂に通った。

記憶の中の共同風呂のおおよその間取りは、左頁の通りである。

ちなみに、炭鉱の採炭現場から上がってきた坑内夫が入る風呂は、社宅の共同風呂とは別物である。採炭現場の繰りこみ場の一角に専用の風呂が用意されていて、坑内夫はここでサッパリしてからわが家に向かう。社宅の共同風呂は、どの町にもある銭湯のようなもの。もちろん男女は別々。お湯は豊富で湯船からあふれ出ていた。

二十四時間のうちの三時間のあいだに、数百人の老若男女の人々が同じ共同風呂に入る。当時の家族構成を詳しく把握することは困難だが、平均的な家族の場合子どもが数人いて、子ども会が賑わうほどだった。夫婦の親が同居しているという家族も多かった。一家族を平均四人として宮原社宅の場合だと約二百戸（三井鉱山の資料）。時間的に風呂に入れない二番方勤務の人を除き、少なく見積もっても、毎日四百人以上が共同風呂を利用していたことになる。

共同風呂が開く時間帯は、夏至前後の夏時間と冬至前後の冬時間とで違っていた。四月から九月までが夏時間で、夕方六時から夜九時まで。十月から三月までが冬時間で、夕方五時から夜八時までだった。お湯は使いほうだいだった。

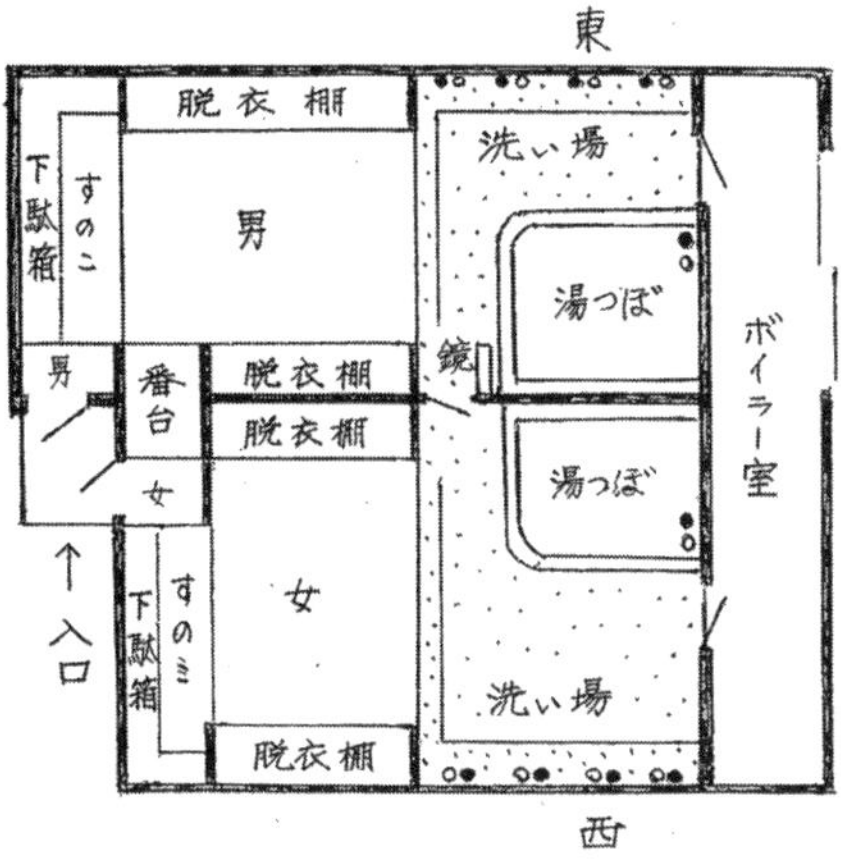

宮原社宅の共同風呂（著者作成）

終了十五分前になると、番台のイトウのおばさんが気合顔で外に出て来る。片手で鉄板を高くかざしもう一方の手で金槌を振る。カンカンカンと勢いよく打ち鳴らす。この音が、また感心するほど社宅一円によく響いた。この鐘をみんなは「しまいがね」と言っていた。しかしこの音が鳴ると、どういうわけかかならず何人かが息せき切って共同風呂にやって来ていた。まるでこの音を待っていたかのように。そしてイトウさんから、これまたかならずしかられていた。

「なんばしよったつね。もう栓《せん》ば抜くとよ。ゆっくり入る時間はなかけんね！」

「すんまっせん。急いで入ります！」

毎日がこんなぐあいだった。

はいてきた下駄《げた》がなくなることがあった。めずらしいことではなかった。そんな場合、なぐさめられることはなかった。むしろ、しかられていた。

「よか下駄ば履いて来たろう。ひゅうなかつ（使い古し）にしとかんけんたい」

最後まで待って、しかたなく残った下駄で帰るつもりでも、下駄も靴も残らない場合があった。誰かが裸足でやって来ていたと思うしかない。これが子どもだったら、泣きだしてしまう。するると誰かが、さりげなくその子をおんぶして、その子の家まで送ってやっていた。そんな時イトウさんは優しくその子に声をかけていた。おんぶして送っていく人にはねぎらいの声をかけていた。イトウさんは番台のプロだった。

雨の日は傘が替ったり、なくなったりもした。こんな場合は、残ったボロ傘をさして帰るか、知り合いの人とあいあい傘で帰っていた。最後まで待っていると、見たこともない傘が何本も残っていたりした。するとイトウさんが、うしろから声をかけてくれた。

「今夜はその中から、気に入ったやつばさして帰っとかんね」

傘がなくなったり履物がなくなったりすることには、みんなだいたいなれていたのだ。共同風呂にも休みの日があった。毎週一回、日曜日が休みだった。

日曜日には、すぐ隣に位置する講堂という建物で、十円映画があっていた。繁華街の映画館での人気映画が回り回って、フィルムがかなり傷んだ頃に、この講堂で上映されていた。たしか午後の二時頃と、夕方の六時頃に始まっていた。子どもは半額の五円だった。『鞍馬天狗』や『二等兵物語』などが上映されていた。

映画の途中でフィルムが何度も切れるので、ため息がもれていた。しかし、会場はいつも満員だった。夜の部が終わると、共同風呂の前を通る暗くて広い坂道を、人々は群れとなり、帯となって家路に向かっていた。講堂ではファッションショーも催されていた。

だがこうした光景も、昭和三十四年頃から見られなくなった。講堂での映画が上映されなくなったのである。三井鉱山の福利厚生の方針や三池労組との関係が大きく変化していたからだと思われる。

さて日曜日の風呂だが、私は銭湯に行ってでも風呂に入りたかった。社宅の北に「末広湯」、南には「宮原湯」という「外《がい》」の銭湯があった。近所の友だちと誘いあい、下駄ばきでどちらかに通った。入湯料は思い出せない。風呂あがりに小遣いで買って飲む十五円の「リンゴ牛乳」がうまかった。社宅の共同風呂にはない体重計と大型の扇風機が魅力だった。

一日くらい風呂に入らなくてもいいはずなのに、私は共同風呂のおかげで大の風呂好きになっていた。地域の銭湯では、今では考えられないのだが、刺青で背中や腕を飾ったおっちゃんが、堂々と気持ちよさそうに入っていた。

宮原社宅の共同風呂でも、まれに刺青姿を見かけることがあった。ほとんどが無許可の「外」の人だった。「外」の者という引け目ゆえか、入っていてもそのふるまい方は遠慮がちだった。共同風呂では、ときどき喧嘩が起きた。しかし刺青姿の人がからんだ喧嘩はなかった。

喧嘩のきっかけの多くは、湯壺のお湯の温度だった。人には好みの温度がある。ぬる湯が好きという人がいれば、あつ湯が好きだという人もいる。さすがにおとなだから、そこはじょうずに折りあいをつけながら湯壺に入っていた。しかし温度の好みが極端に違っていたり、酒が入っていたり、不機嫌なまま来ていたりすると、湯壺のカランを誰かが扱ったとたんに始まった。

「熱かやっか！」

「ぬるかろうが！」

という言葉で火がつき、にらみ合いとなる。こうなったら、子どもたちはさっさと湯壺からあがり、遠巻きに様子を見守った。にらみ合いで終わる場合もあるが、洗面器で叩き合い、どちらかが鼻血を出すことになったりもする。たいていは、幕を引いてくれる人がいておさめてくれていた。幕引きさんが現れず、一方が素っ裸のまま外へとび出すという悲惨な展開になる場合もあった。

湯壺はほどよい広さと深さがあって、子どもにとってはミニプールのようなものだった。男湯と女湯を仕切る板塀には、

「タオルをつけない。大声を出さない。酒を飲んで入らない。泳がない」

といった入浴心得が貼ってあった。子どもたちにとっては飾りのようなもので、読んで守るという意識はまるでなかった。湯壺に人がいなかったり少なかったりした時は、かっこうのプールとなった。湯に潜ったままで何往復できるか競った。また、どちらが息長く沈んでいられるかを競ったりした。納得がいかないとくり返し競いあった。夢中になって騒ぎ出し、いつもは静かなおっちゃんから大目玉を食らうこともあった。潜りが苦手だった私も、自分なりに時々この湯壺で練習をしていた。

少し自信がついた頃のことだった。潜ったまま往復していると、誰かに頭を押さえつけられた。友だちの誰かのイタズラだろうと遊び気分でいたが、たちまち息苦しくなり、湯の中で手と足をバタバタさせ、押さえつけている手から逃れようともがいた。強い力をなんとか振り払い、やっと自由になって前を見たら、そこに立っていたのは大きな体格のいつも静かなしかし不機嫌顔のヤマオカさんだった。

共同風呂と東隣の職員住宅。左に共同風呂の煙突が見える。

社宅の住人にとって共同風呂は、大切な社交の場だったかもしれない。私にとっては、いやしの場であり希望の場だった。学校でいやなことがあったり、理不尽なことで先生から注意されたりする。ひとりぼっちになったような気分で帰宅する。あるいは、両親が突然冷たく対立し、その間に立ってしまう。自分の力ではどうすることもできないと感じる。気持ちの整理がつかないまま落ち着かないでいる。そんな時、共同風呂が開いていたら、ひとりで洗面器とタオルを持って風呂に向かった。

たまたま裏の家のタカちゃんが、

「ノリちゃん、風呂に行かんか!」

と声をかけてくれたら渡りに船だった。「行く!待っとって」と返事をし、いそいで外に出た。社宅の東側に見える権現堂の丘が夕日を受けて輝いていたら最高だった。くよくよした気分がいっぺんに晴れた。

おそらく、そんな感覚で共同風呂に向かったのは、私だけではなかっただろうと思う。

共同風呂の中は、いつも誰かの大きく明るい声が響きわたっていた。しょぼくれた気分で入っても、履物を下駄箱に置いて服を脱ぎ始めるころには、その会話が耳に入るようになる。頭の中に堂々めぐりの物語があったとしても、勝手気ままな会話によって、たちまちのうちにふだんの自分に戻る。おとなたちの抜けたような笑い顔や、気持ちよさそうに目を閉じた顔からは、再生の力が伝わってくる。いつのまにか自分の中にも、力が湧いてくるのだ。

共同風呂の女湯と男湯との仕切りは一枚の開き戸と交互に打ちつけられた板戸だった。同時に入った夫婦が一個の石鹸箱を共用している場合には、開き戸の下のすきまを滑らせるようにして石鹸箱を渡しあっていた。

「オーイ！　こっちは終わった。そっちにやるぞ！」

「ハーイ！　送って！」

こんなぐあいである。お父さんが幼児といっしょに入り、体を洗ってやってから、お母さんの方に渡すこともめずらしくはなかった。そんな場合、お父さんは腰にタオルを巻きつけ、大きな声でお母さんに呼びかける。ふだんは禁断の開き戸の前に立って、お母さんが開き戸を開けるのを待ち、かわいい子どもを渡すのである。

男湯に髭剃《ひげそ》り用の鏡があった。いつまでも長々と髭を剃るおっちゃんがいた。私は不思議に思っていた。ある時、二つ年上のモッちゃんが言った。

「見てんか。すけべおやじが、まあだあそこにおるぞ」

「あの人、いつもそうやろう。なんで？」

「仕切りの隙間から、女湯が見えるけんた」

なるほど、交互に打ちつけられた板戸の隙間を注意深く覗くと、わずかに女湯がすけて見える。すけべおっちゃんにとって、覗き見をしながらの髭剃りは、数少ない娯楽の一つだったのだ。しかし少々いじわるなモッちゃんはそれが分かっていながら、時々その鏡に割り込んではニキビをつぶすしぐさをしていた。すけべおっちゃんの邪魔をしていたのである。

共同風呂の利用は、原則として登録制になっていた。したがって家族以外の者、たとえば親戚の人が客として泊る場合には、社宅事務所に届け、番台のイトウさんに紹介してから風呂に入っていた。親戚の人の場合は何も気にすることはなかった。ただ、親しくなった友人を連れて入る場合は、番台のイトウさんの許可が必要で、むずかしく気をつかった。

「友達のニシヤマくんです。今夜、僕の家に泊ります」

「その人の家はたしか外《がい》やろう。そっちの風呂に入ったらよかやんね」

「おばさん、今日は特別なんよ。さっきまでいっしょに勉強しよったと。これからニシヤマくんといっしょに晩御飯ば食べて、またいっしょに勉強すっと。お風呂、お願いします！」

「へえ、そげん勉強ばしよっとね。そんなら、しよんなかやろうね」

いったん原則が崩れると、しめしがつかなくなる。番台のイトウさんとしては慎重にならざるをえない。こちらとすれば、心からのお願いで説得するしかないのである。ともあれ、ニシヤマくんの場合は、番台のイトウさんに認知してもらうことができた。

風呂からあがって着替えている時に、親しい人や仲のいい友だちがやって来たら、少しだけ困ってしまう。

「もうあがると？　もういっぺん入ろうや」

そんなふうに誘われたら、「うん」と言ってしまうからだ。そしてもう一度服を脱いで、棚に重ねる。晩飯の後だったりすると、予定のラジオ番組の方は忘れてしまい、おしゃべりに夢中になる。私は長風呂でも平気だった。

悲喜こもごもの夕方。そんな時間帯に、洗面器とタオルを持って共同風呂に行けば、どんな時でも元気になることができた。

東京の大学にいて、まもなく卒業という頃に里帰りをした。まだ明るかったが、久しぶりに共同風呂の戸を開けた。そして番台のイトウさんに挨拶をした。

「元気にしとったね？」

とにこやかに迎えてもらった。開いたばかりで人は少なかった。湯壺で体をのばしていたら、

1970年、東京の学生さんがクラウンに乗ってやってきた。
後ろは社宅の30棟。

かつて隣の家の住人だったヨシダさんがやって来た。小学校六年生の時に、屋根に引っかかった飛行機を取ろうとして大けがをした際、私を自転車の後ろに乗せて、臼井社宅の病院へ運んでくれた人である。

「ごぶさたしています」

と挨拶をした。ヨシダさんが笑顔で話しかけてきた。

「東京は騒がしかごたるね。ノリちゃんもヘルメットとゲバ棒でやりよっとかい」

「大学の封鎖には参加すると思う。ばってん、ヘルメットはかぶらんし、ゲバ棒も持たんよ」

「卒業だけはしとけよ。お父さんたちがどっだけ苦労しながら学資ば作ったか。言われんでも、わかっとるじゃろう」

そんな会話だったと思う。私は東京にいる時と大牟田の実家にいる時とでは、世界を受けとめる感覚に差異を感じていた。そのことが気になっていた頃でもあった。一番気にしていたことをヨシダさんに射抜かれたと思った。

共同風呂での久しぶりの世間話に過ぎなかったが、さりげないヨシダさんの言葉で、私は頭の中を整理することができた。心が軽くなった。帰省してよかったと思った。さっぱりした気分で外に出た。正面からの夕日がまぶしかった。

共同風呂に慣れ親しんでいたせいか、私は今でも朝より夕方の方が好きだ。

「外《がい》」の世界で

雄辿寮《ゆうてんりょう》

昭和三十五年（一九六〇）一月。三井鉱山は指名解雇を貫徹するためにロックアウトを宣言し、撤回を求めた三池労組は無期限のストライキに入った。いわゆる三池闘争である。不安に思う出来事が次々と起こるようになった。労働組合が分裂した。「裏切り者！」という言葉が使われるようになり、その家の玄関に「うらぎり」という落書きが書かれたりした。強硬就労を阻止するためのピケが張られ、貯炭場（ホッパー）がある諏訪川の河口付近には「ホッパー小屋」がすきまなく建てられた。

福岡県警の警備が強化され、他県から多数の警察官が動員されるようになり、社宅の幼稚園は警察官の宿舎となった。暴力団が争議に介入し、ピケを張る組合員を恫喝するようになった。暴力団は四山坑前で組合員を襲い、二児の父親だった久保清さんが刺殺された。

ストライキへの評価をめぐり商店街も二分した。街に夏がやって来たが、不穏な空気はさ

「うらぎり」と落書きされた社宅の玄関（1980 年撮影）

らに色濃くなっていた。そうした状況への配慮からだろうか、伝統の「炭都まつり」が見送られた。この年、大蛇ヤマの勇姿と「スッコンコン」の鐘の音は街から消えた。人々は分断された状況を受け入れつつ、結果としての不便をがまんしながら暮らしていた。

その頃、学校では小さな出来事が、大きなもめ事に発展しやすくなっていた。「偏向教育」という言葉が登場した。先生たちはかつての明るさやおおらかさを失い、言動は用心深くなってしまった。暮らしの中にまで分断が生じ、分断は沈黙と差別を生み、毎日が、いっそう息苦しくなった。こうした状況がいつまで続き、どのように展開していくのか。私には、まったく見当がつかなかった。

そして夏が過ぎる頃に転機が訪れ、三百日を越える三池闘争が終結した。ストライキで抵抗していた三池労組は妥協を余儀なくされたのである。

それから三年後の十一月九日に、三川坑で炭塵爆発が起きた。その日の午後、私は高校で物理の授業を受けていた。教室がドスンと揺れた。何があったのだろうかと、教室内にざわめきが起きた。原因がわからないまま、いつものように下校した。坑内で爆発事故が起き、そうとうの死傷者が出ていることを、共同風呂で知った。

その日は神奈川県の鶴見でも国鉄列車の脱線事故が起き、ここでも多くの死者が出ていた。二つの惨事が、テレビで交互に放映されていた。大牟田では棺《ひつぎ》が足りなくなっていた。深夜だったが、父は棺作りの手伝いをするのだと言って、ノコギリと金槌を持って再び出かけて行った。

「保安要員ば減らすけん、こげんかこつになってしまうとたい」

誰もが無念さを噛みしめながら、テレビのニュースを見ていた。

人の力で防ぐことができることも、企業の利益が優先されてできなくなる。金の力で人の生命が軽視される。そのことを見せつけられ、この世の正義は何なのかと思った。私は怒りよりも無力感を感じていた。

うまく説明できないが、私は大学受験に希望をつないでいた。そして、東京学芸大学を受験し合格した。まだ見ぬ世界への道がひらかれたと思った。

杉木立の中のかつての雄辿寮。手前は大学の農場

東京学芸大学は中央線沿いの武蔵小金井にあった。男子学生寮は西武池袋線沿いに二つ。大泉寮と雄辿《ゆうてん》寮。私は東久留米の氷川台にある雄辿寮に入った。一月の授業料が千円だった。おもな出費は、通学の交通費と寮の食費。育英会特別奨学金の八千円と家から送ってもらう五千円とで何とか生活していく見通しがたった。喫茶店に入る金はなかった。

東久留米駅で降りたら、バス通りに沿って西に進む。線路の手前を右に曲がると、小高くなった所に五階建ての白い建物が目立つ姿で見えていた。そこが雄辿寮だった。雄辿寮は目黒から移転したばかりの新寮で、学生による自治が自慢だった。寮の前には大学の農場が広がっていた。裏手は松林が続き、林の先には野火止用水路があった。その先は清瀬に通じていて、平林寺も近かった。夕日が沈む西の方には、所沢と池袋を結ぶ西武池袋線が走っていた。

部屋はE―1。実質四階の一番東側。見晴らしのいい四人部屋で、入口の戸を開けると両側に木製の二段の棚。これがベッド。中央には仕切りがあり、仕切りを挟んで両方に畳が二枚ずつ敷かれていた。さらに、木製の引き出し付きの勉強机が二台ずつ。

同室の三人はいずれも年上で、言葉づかいや立ち振る舞いには落ち着きがあった。それぞれが演劇や学生運動の活動に専念していて、四人が揃うことはめったになかった。気を遣わなくてすんだが、はっきりした目標を持っていない私は、自分のことを小さく感じた。

自由に使うことのできる机と木製のベッドをあてがってもらったので、さっそく授業の時間割や武蔵小金井行きのバスの時刻表、カレンダーなどを大学の生協で買ってきた画鋲で留めた。すると、自分も大学生になったのだという実感が湧いた。共用だが、絞りハンドルのついた洗濯機があった。たとえ深夜でも、好きな時間に洗濯ができた。

東京の水はまずいと聞いていたが、雄辿寮の水は大牟田の宮原社宅の水よりはるかにうまかった。夏は冷たいし、蛇口からの水には勢いがあった。一階の奥には浴場があるのだが、使われていなかった。なんでも負担区分反対闘争というのがあって、寮生がいくらかでも入湯料を払うことは、国立である以上認められないという主張があったからである。もったいないと思ったが、そこは雄弁家ぞろいの自治寮。難解な理論を聞いているうちに、私もなんとなく納得してしまった。

そんなわけで、寮生は農場の向こう側にある銭湯まで行って風呂に入る。下駄をカランコロンと鳴らし、矛盾を感じながら銭湯に通うのだが、夏場は気分よく戻れても、寒い冬には洗い髪が凍ったようになり、少し辛かった。

東京に出て世界の広さを痛感した。大牟田から東京までの距離が遠かったという物理的な理由からだけではない。大学に入り、しばらく経ったある日の出来事で思い知らされた。

授業の合間に芝生に座って、友人たちと談笑していた時のこと。九州には行ったことがないという幾人かから尋ねられた。

「福岡大学と九州大学は、どちらが国立？」

私はすぐには返事ができなかった。クイズか何か、まるで私を引っかけようと企んでいるような質問だったからである。なぜなら九州大学は有名だし、九州の高校生であれば誰もが、九州大学が国立であることぐらいは知っている。私は用心深く聞き返した。

「それって、真面目な質問？」

「そうよ。ここにいる六人で意見が分かれたの。三人は、国立は福岡大学だって言うの。だって、長崎、佐賀、熊本、鹿児島、宮崎、大分。みんな県名がついているのが国立でしょう。だから国立は福岡大学だって。本当のところ、どっちなの？」

私はなるほどと思いながらも、しばらく言葉を失っていた。ああ、世界の中の日本。日本の中の九州。九州の中の福岡。福岡の中の九州大学。大学で学んでいても東京の人にとっては、その程度の認識でしかないのだ。私も知らないことがいっぱい。そして学ぶべきことがいっぱい。世界は広い。そう思った。

錆びない画鋲

大学が夏休みに入った頃だった。私は新宿でアルバイトをしていた。お昼の時間帯だったと思う。食堂に入り注文のニラレバ炒めライスを待っていると、店内の貼り紙に目がとまった。それも紙を留めている画鋲の部分に。そして思わず「錆びとらん」とつぶやいた。

雄辿寮に戻り、留めていた画鋲をたしかめてみた。すると光沢こそないが画鋲は錆びていない。画鋲は留めて一カ月も経てば錆で茶色になる、というのが大牟田で暮らしてきた私にとっての常識だった。したがってこの違いは驚きだった。

〈東京の画鋲は錆びないのだ〉と、小躍りして喜んだ。ちょうど帰省する時だったので、お土産用として、十箱の画鋲を買いこんだ。東京発の西鹿児島行き急行「桜島」の乗客となり、席におさまりながら、誰に配ろうかと心を弾ませていた。

大牟田の家に戻って両親に帰省の挨拶をすませた私は、さっそく家の中にある貼り紙の画鋲をかたっぱしから付け替えた。そして、あきれ顔で見ていた両親に、私は自信たっぷりの講釈をたれた。両親は冷静だった。

「文具店で買った画鋲やろう。製造会社が違っとるわけじゃなかろうし、東京で買うたからというて、そげん特別の違いがあるとかね？　あったら、その方がおかしかっじゃなかかい」

そう言われても、私には自信があった。

「それがたい。よう分からんとばってん違うとよ。見よってんね。一月経っても錆びんけん」

得意顔の私に、両親はそれ以上何も言わずに笑っていた。

それからほぼ一カ月。東京に発つ頃、忘れかけていた画鋲の様子をたしかめた。するとどれにもこれにも錆が。私は納得がいかないまま、両親には言わずに東京に発った。

東京の画鋲は出来が違う。だから錆びない。そのように理解していた私は、腑に落ちないいま急行「桜島」の中にいた。そして東京の画鋲が、大牟田ではたちまちのうちに錆びてしまったことについて考えていた。ポケットには大牟田で買った一箱の画鋲を入れていた。東久留米の雄辿寮に戻ったら、大牟田の画鋲でたしかめるつもりでいた。

空気の違いかもしれないと思った。しかし東京も光化学スモッグの騒ぎがかしましくなっている。炭鉱町だから空気が汚れているとしても、金属の錆び方に違いが出るほどの差があるとは考えにくい。だが、想像を上回るほどの違いがあったとしたらどうだろう。『この天の虹』という木下恵介監督の映画があった。かつての八幡製鉄所の煙突から吐き出される七色の煙が、繁栄の象徴と称えられた映画だったと思う。私も大牟田松屋の前の封切館・松竹会館で観た。繁栄は、その一方で大気汚染という公害の原因にもなっていた。そのことが明らかになり、問題作になっていたのではないだろうか。当時は、それまでの常識がひっくり返されるという時代でもあった。

常識を上回るほどの大気汚染が大牟田で発生していた。そういう筋立てで、私が住んでいた三池炭鉱の宮原社宅周辺の環境を振り返ってみることにした。手元に三井鉱山株式会社編『資料三池争議』（昭和三十八年刊）という厚い本がある。この本の中に、次のような記述があった。

「三池炭鉱の周辺には、もっぱら三池炭を利用して営まれる八つの関連事業所がある。三井化学、東洋高圧、三井金属、電気化学、三池合成、三井三池製作所、三井塩業、九州電力がそれである。これらの会社は、三池炭鉱を中心として本邦最大の石炭コンビナートを形成している。（略）これらの各社は、あるいは直接三池炭鉱よりベルトコンベヤーにより、あるいは三池炭鉱の専用鉄道によって、一日約五千トン、すなわち三池炭鉱の一日の産出炭の約半数（三十三年現在）の石炭を消費しており、」（略）

つまり、石炭産業で栄えていた大牟田市では、毎日五千トンもの石炭が燃やされていたのである。

燃えた石炭は熱を発しながら煙となり大気中に広がる。その煙の中には、たとえば一酸化炭素や亜硫酸ガス等が大量に含まれていた。日によって風向きが変わるとしても、亜硫酸ガス等は、長い年月をかけて大牟田市全体をスッポリ覆い、私達はその中で呼吸をしていたことになる。

そういえば、鹿児島本線で大牟田駅に近づくと、独特の臭気が漂っていることに誰もが気づいていた。車で移動する場合も同様で、国道二〇八号線を南下して堂面川《どうめん》を通過するあたりから、やはり同じ臭気を感じていた。

「なんか、臭かね」くらいでいたけれど、本当は、深刻な大気汚染に蝕まれていたのである。「臭いのは、大牟田が繁栄している証拠」とすませていたツケが、画鋲の錆となって現れていたのである。問題は画鋲ではなかった。無知が問題だったのだ。

当時の大牟田における廃棄物汚染は、工場の煙突からの煙によるものだけではなかった。

信じ難いことだが、市の中心部を流れ有明海に注ぐ大牟田川で、川面が炎上するという事件が起きていた。コンビナートの工場から流された廃液に、揮発性の可燃物が含まれていたのである。

この事件は当時の新聞でも大々的に報道されている。それでも私たち住民は、「大牟田の街が臭いのは、繁栄している証拠」と言い放っていた。自分たちが吸っている空気がいかに危険なものかと気づくまでには、長い時間を必要とした。

大牟田で買ってきた画鋲を雄辿寮で使ってみた。年末になっても錆は出ていなかった。

レタス

私がレタスというものを知ったのは、東京に出て、最初の冬を迎える頃のことだった。

西武池袋線東久留米の雄辿寮で、小銭を数えながら暮らしていたのだが、そんな私から、ちょくちょく金を借りていた先輩のムライさんが、一人でうまそうにキャベツをもぐもぐやっていた。炬燵台の上には、日本酒の一升瓶と湯呑み茶碗。

「酔いざましにはとてもいいんだな、これが」

マヨネーズをはさみながら本当にうまそうに食べていた。刻みキャベツだったら食べるけど、葉っぱを丸ごと食らうなんて、私には考えられないことだった。

「本当？　そんなにうまいの？」と私。

そのうちに彼の勢いに押されて私もパクッ。すると「ホウ！」、なんともいえぬ歯ざわり。しかもみずみずしさが口いっぱいだ。

私はその翌日、さっそく駅近くの八百屋さんへ。キョロキョロしながら、それらしきものを一個買い求めて部屋へ。

マヨネーズをとり出して、ひとりでニマニマ。葉っぱを一枚むしって、さあ試食！　ところが、その味は昔ながらのキャベツ。独特の硬さも少々の苦味までいつものキャベツ。

「えっ？」。まさに狐につままれた気分。あのみずみずしさはどこへやら。私はそれまで、レタスというものをまったく知らなかった。新種のキャベツだぐらいに思っていたのだ。

そういえば、『エデンの東』という映画があった。主役はジェームズ・ディーン。カルの役だった。父親の期待を裏切ってばかりいるカルは、父親を喜ばせようと、新鮮な野菜を貨車で運ぶ賭けに出る。何両もの貨車に積まれた野菜がレタスだった。しかし、冷蔵に失敗。レタスは貨車の中の熱気で腐ってしまう。

『エデンの東』はシネマ新宿で観た。私のキャベツ事件から一年後のことだった。

バナナ

スーパーなどの食品店で、バナナのコーナーをのぞいてみる。四本くらいのカットを二百円前後で買うことができる。ため息の出るほどの安さだと、いつも感じる。健康にもいいということでよく売れている。夕方にはほぼ完売。

私がバナナを初めて口にしたのは、小学校の低学年の頃だった。バナナは貴重品だった。ジープおっちゃんの家に、父が釣ってきた小魚を届けに行ったら、きれいなお姐さんがいた。ジープおっちゃんのお姉さんだった。

「ノリ、元気そうじゃない。ほら、おみやげ。珍しかろう」

と言って、渡されたのが一本のバナナだった。お姉さんは佐世保で出稼ぎの仕事をしていた。久しぶりの帰宅だった。

バナナはそれまで、映画や漫画の中でしか見たことがなかった。私にとってそれは、黄金色に輝く別世界の物体に見えた。家に帰って事情を話し、みんなで喜んだ。一本のバナナを人数分に切り分け、家族全員でいただいた。ゆっくりと味わった。香りをかぎながら食べた。バナナが船積みされる様子を想像していた。

そんな貴重なバナナを、こともあろうに動物の餌だと思っていた人がいた。同室のアキオさんである。アキオさんは中学生の頃、盲腸の手術で入院していた。その時に、学級の友人がお見舞いにバナナを持ってきてくれた。すると、喜ぶというより戸惑ってしまったそうなのだ。

「何でチンパンジーの餌を、こんなときに？」

と、本当にそう思ってしまっていた。

嘘みたいな本当の話。聞けば、お父さんは都心の官庁街にお勤めだったとか。暮らしや育ちの違いは、食べ物についての認識をそれほどまでに変えてしまうということなのだろう。

私は今でもバナナを見ると、世界のどこか遠い所から、何か大切なメッセージを届けられているような不思議な気持ちになる。

タバスコ

東京での夏だった。私は新宿の平和ビルという建物の屋上で、アルバイトをしていた。揚がったアドバルーンの管理をする仕事だった。風が強くなれば、二人がかりでロープをたぐってアドバルーンを下ろす。昼時になり、交替で近くの食堂に入った。同時に入った別の客の「カツカレー！」という声に押されて、私も「カツカレー！」と注文した。

しかし、カツカレーがどんなものか私はよく知らなかった。知らずに頼んでしまったのだ。なにしろ炭鉱の社宅育ちの私にとって、外食といえばうどんかラーメン。それ以外のものは「贅沢品」だという決め込みと偏見があった。でも、今日は日銭が入る。それに体力も使う。だから少しの贅沢は許される。そう自分に言いきかせていた。コップの水も別格の味がした。

注文したカツカレーが運ばれてきた。刻みキャベツが添えてあり、ショーウインドーで見ていたあのトンカツだった。銀の器にカレー。トレーの上にスプーンとソース。トマトケチャップの小ビンも置いてあった。「食べ方、わかるの？」と、囁かれている気がした。

〈そうか、東京ではカツカレーを食べるときには、こういうものを使うのか〉

私は勝手に納得しながら、刻みキャベツにソースを少々かけた。次に、ケチャップのかくし味をトンカツに。ところが、小ビンを傾けるけれど出てこない。

〈何だ？　このケチャップ〉

とあせりながら、ピッピピッと小ビンを上下させると、朱色の小さな滴がやっと出てきた。私は真剣というより、出の悪さにいらだっていた。その時、店員さんと目が合った。「大丈夫？」といった表情でこちらを見ていた。私は笑ってごまかした。

昼休み時間は限られているので、ケチャップかけはそれくらいにして、とりあえず食べ始めた。そのとき店員さんと、また目が合った。心配そうな表情をしていた。

〈心配しなくてもだいじょうぶですよ。それより、この小ビンの液の出をもっとよくしてほしいな〉

私はそんなふうに考えながら、黙々とスプーンを動かし、初めてのカツカレーを静かに完食。ところがレジで支払いを済ませるあたりから、口の中がヒリヒリと焼けるような感じ。店を出てからは顔が燃えそうになっていた。

〈これがカツカレーか〉

と、ハンカチで口を押さえながら午後の仕事場へ。私はカツカレーの強烈な辛さに圧倒されていた。

しかし、辛さの本当の原因はカツカレーではなく、小ビンの中味だったのだ。それを知ったのは、かなり後になってから。数人の友人と喫茶店に入った時だった。

トマトジュースを注文したら、同じような小ビンが添えてあった。

「タバスコは辛いけど、二、三滴かけるとけっこううまいよな」

と友人のタミヤくんが言った。私は耳を疑った。タ・バ・ス・コ。それは西洋の香辛料のこと？　ああ、そうだったのか。まさに、知らぬが仏。あのときの店員さんの心配そうな表情。

その本当の意味を、その時に知った。

アシタバ

東京で二度目の教育実習は三宅島で行った。九月下旬に出発した。竹芝桟橋で乗船して九時間の船旅である。桟橋を離れて数時間後、揺れが大きくなった。「黒潮を越えている」と同行のツカダくんが言った。さいわいなことに、船酔いの予感はなかった。私はいつのまにか、広い客室で深い眠りに入った。船はどんな港に着岸するのか。そんなことなど考えてもいなかった。

船内放送が聞こえた。「まもなく三池港です」と聞こえた。私は、夢を見ているのだと思った。聞きなれた港の名前だ。でも、何で三池港なのだろうと、ぼんやりした頭で考えていた。なにしろ大牟田出身の私にとって、三池港は身近な遊び場の一つだったのだから。

ツカダくんの静かな声も聞こえた。

「農中、まもなく着くぞ」

それで目が覚めた。でも、私はまだ混乱していた。

〈えっ、三池港？　なんで？　どうして大牟田に着いてしまったの？〉

私はあわてて靴をはき、デッキに上がってあたりを見回した。見知らぬ港と小高い山が見えた。違う、違う。風景がまったく違う。大牟田の三池港ではない。私はホッとした。

〈港の名前が同じだったのか。ここは三宅島の三池港なんだ〉

客室に戻ると、ツカダくんが心配そうに言った。

「何で、急にバタバタしたの？」

説明が長くなりそうなので、私は笑ってごまかした。

「ちょっと、寝ぼけていたみたい」

さっそく実習校に出向き、挨拶をすませて下宿先へ。下宿先の家はお寺だった。ツカダくんとは、実習校も宿舎も別だった。

三宅島は海に囲まれているから、食卓には新鮮な魚がいっぱい。私はそう思い、期待していた。しかし、それは大きなまちがいだった。水揚げされた鮮魚は商品として島を飛び越し、東京の市場へ運ばれていたのである。したがって食卓に出るおもな魚は塩サンマ。たまにクサヤを出してもらった。

「さしみを食べたかったら、釣っておいで」

と、下宿先の奥さんから言われた。

みそ汁の具といえば、毎日がアシタバだった。育ちの良い野菜で、おひたしとしても出ていた。三宅島では、野菜は貴重な食材。ところが私はそうした事情を理解できていなかった。

「アシタバ以外の味噌汁の具は、ないのですか」

私はあつかましく聞いた。下宿の奥さんは「あるよ」とうなずかれ、「明日ね」と言われた。そして翌朝出てきたのは、なんとピーマンのみそ汁。私は絶句した。

「この島はね、土地が火山灰でしょう。育つ野菜は限られているのよ」、と奥さん。

「すみませんでした。次は、アシタバでお願いします」、と私。申し訳なかった。

数日後の土曜日、私は「失礼」の埋め合わせをする機会にめぐまれた。実習校の先生に誘ってもらい、磯釣りに行くことができたのである。地元の子どもたちが二人同行した。小学生とはいえ、彼らは三宅島の海をよく知っていた。私にとっては初めての海釣り。ちなみに餌は塩サンマの切り身。竿は長い竹竿。単純な仕掛けだが、彼らの指導のおかげで、初心者の私も釣ることができた。足の裏サイズのシマアジが十匹。しかしこの時、体験したことのない大きなウネリが。

「先生！　急いで上にあがれ！」

子どもたちが危険を知らせてくれた。押し寄せる波の数百回に一回くらいの割合で、太平洋の沖から音もなく巨大なウネリが襲って来る。海面が突然、高々と盛り上がるのだ。ウネリは、あっというまに足元の高い岩場を洗い、荒々しいざわめきをたてながら引いていった。

気がつけば、潮だまりに泳がせていたシマアジが半分しかいない。ウネリにもっていかれたのだ。外洋で発生するウネリというものの怖さを、このとき初めて実感した。

それでもシマアジのお土産ができた。

「ほう、シマアジか！　刺し身と塩焼きができるね」

と下宿の奥さんは大喜び。

少しは、「アシタバ」の罪滅ぼしができたかもしれない、と思った。私は、新鮮な海の幸と奥さんの手料理に安堵し、磯の轟《とどろき》を思い出しながら、感謝の箸を動かしていた。

クサヤ

三宅島に行くまで、私はクサヤというものを知らなかった。

「飲んだあとの茶漬はうまい。それもクサヤでね」

「私は苦手。だってあの匂い、すごいでしょう」

「知らない人には送れないよな。捨てられたという話もあるし」

「だけど、伊豆諸島の名産物といえばクサヤだよね」

三宅島に向け、竹芝桟橋を離れた船の中で、教育実習生たちはそんな会話で盛り上がってい た。いったい、クサヤとはどんなものなのか。私は大きく揺れる船の中で、土産はクサヤにしようと決めていた。

クサヤは、アジやトビウオといった青物の魚の保存食である。作る現場を見学したわけではなく、教えてもらった話なのだが、魚の臓物を樽に漬け込んで床を作る。この床がヌカ味噌の床のような働きをする。そこへ新鮮な開きアジなどを浸し、天日干しにして仕上げる。これがクサヤ。素材となった青魚はうまみを増し、焼いたときに香ばしさを際立たせる。

四週間の教育実習の最後の一日は運動会だった。男性と女性対抗の綱引きがあった。男性が負けそうになった時、私の目の前にいた男先生が鉄棒の杭に綱を巻きつけた。すると、鉄棒の杭が折れた。ワッと盛り上がった。女性の圧倒的勝利。「クサヤのおかげよ!」という声が聞こえた。その夜の打ち上げで、クサヤを肴にホッピーという酒を飲んだ。焼酎をビールで割ったものだった。二次会で目を回し、気づいたら下宿のお寺だった。

三宅島を去る日、下宿の奥さんにお礼を述べてから、私はアジのクサヤを数枚買いこんだ。新聞紙に丹念に包んだ。念のために七回包み、着替えなどと一緒にバッグに納めた。そうやって船に乗った。船は台風の余波で、ゆるやかに左右に大きく揺れた。脇に置いたバッグが右に左にズズッと動く。そのたびに、なんとなく独特の匂いが。気のせいだと思った。なにしろクサヤはしっかり封印しているのだから。

ところが船の揺れがさらに大きくなり、バッグが動くたびに、やはり独特の匂いが。幸い乗客は少ないけれど、このまま客室に広がれば、具合が悪くなる人が出てくるかもしれない。そんなことを考えていたら心配になり、私はバッグを持ってデッキに出た。

夜の風は、すっかり秋だった。送られてきたクサヤをそっくり捨ててしまった人がいたらしい。もったいない話だ。そんなことを考えているうちに、私の思考はいつのまにか、満天の星空に吸い込まれていた。

竹芝桟橋に接岸したが、東久留米の雄辿寮に帰るまでの電車の中が心配だった。私はドア付近に立って、足元にバッグを置き、匂いが動かぬよう祈った。もっと上手な運び方があったのではないかと、半分後悔していた。

寮に着いたら、すぐに食べようと決めていた。夜遅くなっていたが、友人たちに声をかけ、四階の私の部屋でクサヤ・パーティを開いた。電気コンロで焼いて、クサヤで一杯。

ところが、包みを開けたとたん、その匂いで退散してしまう者も。その味を知っている者は「ほっとけほっとけ」とニヤニヤ。ふだんは寮の会議に出ない者まで来ていた。思い思いに用意した日本酒やビール、焼酎のコップを手に、赤いニクロム線の上に置かれたクサヤの食べ時を待った。私は報われたと思った。

そのときだった。下の階から大声が響いた。

「おーい！　廊下で誰かクソした奴がいるんじゃねえのか！」

デコレーションケーキ

ケーキといえば、私にとってはデコレーションケーキ。少年のころの私は、ジングルベルが流れる中、豪華に飾られたデコレーションケーキを夢見る気分で眺めていた。ショートケーキは、言葉すらない時代だった。その十年後、十二月下旬頃のことだった。私は、武蔵小金井のケーキ工場でアルバイトをしていた。デコレーションケーキのスポンジを焼くまでの仕事だった。夕方になるとスポンジの切りくずがたくさん出た。残業の時に、それを食べるのが楽しみだった。そんなある日、二十三日から三日間、都心のデパートに行くようにと言われた。高島屋だった。

制服を着て、ケースの前に立っていた。ケースには三千円から八千円くらいの大型のケーキが並べられていた。とんでもない値段だと思った。来る客のほとんどの人が、英語で語りかけてきた。〈えーい、ままよ〉と適当に売りさばいた。そして、二十五日の閉店間際。残りは処分するように指示された。これには複雑な驚き。「持てるだけ持って帰ってもいい」と言われた。だったらと、気をとり直して右手に五個、左手に四個持った。それ以上持つと、片方の箱が床にぶつかってしまう。それがせいいっぱいだった。

西武池袋線の大泉学園と東久留米に二つの男子寮があった。里帰りの予定がないまま、腹ペコの友人たちがゴロゴロいた。だから、私はがんばろうと思った。サンタクロースのような使命感で自分をふるいたたせ、両手にケーキの大箱をしっかり持って、山手線と西武池袋線を乗り継ぎながら、深夜の寮をめざした。

大泉寮にはミズタくんがいた。朝から何も食べてなかったらしく、大いに喜んでくれた。一番大きいのから四個置き、再び西武線に乗った。そして、雄辿寮に戻り、残りをばらまいた。眠たかった。何のためにこんなことをやっているのか。自分にあきれながら布団にもぐり込んだ。

翌日の昼頃、総務室から呼び出しがあった。急いで一階に降りた。ミズタくんからの電話だった。

「農中か、ゆうべは食ったぞ。大きいやつの半分を、一人で食った。おかげで苦しくなった。お前が、あんなものを持って来るからだ。今もムカムカして気分が悪い。困った奴だ、お前は……」

電話はそこで切れた。私はミズタくんの電話の意図を汲みかねた。

私はあくびをした後、「ミズタのバカが」と呟いていた。

青菜の味噌汁

東久留米の雄辿寮は、私にとっては住み心地のいい場所だった。当時、北多摩のそのあたりに高い建造物は珍しく、小高い丘にある白い五階建ては目立っていた。銭湯からの帰り道、高齢の男性から、

「あそこに見えるのは、どこか大手銀行の社員寮なのですか」

と尋ねられたほどだった。雄辿寮はそれほどまでに新しく美しかった。

そこで暮らす学生の多くは貧しかったが活動的だった。六時間を越す暁の寮生大会が終わると、授業の前の散歩だといって、ひと駅離れた清瀬の平林寺まで行く者がいた。アルバイトで金が入ると、池袋や上野、新宿や渋谷方面へ。本屋に入ったり、公園を散歩したり、監督別のオールナイトを上映している映画館で一夜を明かしたり。友人と喫茶店に入れば、いつまでも

長々と語り合っていた。

私は、労演（勤労者のための全国的な演劇鑑賞団体）の割引切符が手に入ると、食事を節約して新宿の紀伊国屋ホールや三宅坂近くの砂防会館などに出かけていた。ベトナム戦争への抗議集会があれば、ポケットに歯ブラシを入れて、私鉄や国鉄に乗って移動し、その後のデモにも参加した。シュプレヒコールに合わせ、大きな声をあげていた。

東京に行けばスキーができると思っていた。しかしスキーは、それなりにまとまった金がないとできない遊びだった。だから、私には最後まで縁がなかった。

そんな暮らしの中で、たまに寮の一室に数人が集まることがあった。すると酒盛が始まった。「インターナショナル」で盛り上がった。突然、讃美歌を合唱する者もいた。私は少ししか飲めなかった。その分、酔いが醒めるのも早く、腹が減った時の味噌汁作りは私の出番だった。

「農中の味噌汁は、うまいんだよな」

と、みんなが上手におだててくれた。

寮の前は、大学が管理する農場だった。授業の一環として、季節ごとの野菜が育てられていた。その日は、部屋にほどよい味噌汁の具材がなかった。私は農場の野菜を少々失敬させてもらうことにした。青菜が元気に育っていた。夜陰にまぎれ、二、三枚はがして持ち帰った。酒の肴のイリコをダシとして鍋に入れ、青菜を刻んで味噌汁に。香りが漂ったのを合図に、それぞれが舌つづみ。

「うまいぞ！　うまい！」の連発。

ところがそのうちに、

「少し、えぐくない？」

「汁だけもらうかな」

といった声が。

たしかに具材の青菜がえぐい。鍋の底には青菜だけが残った。

翌日の朝は、晴天の日曜日だった。気持ちのいい陽射しに誘われ、私は寮の玄関前に出ていた。農場には、前夜の青菜が光っていた。畑の中に、農場を管理している教授がいた。私から声をかけた。

「おはようございます。日曜日も仕事ですか」

教授がやって来て、笑顔で言った。

「おはよう。今年はおかげさまで、農場荒らしもなく育ちがいい。寮生のおかげだな。とくにほら、あそこにあるウサギの餌。よく育っているでしょう」

なんと、私は、ウサギの餌となる青菜を味噌汁の具材にしていたのだ。

シジミ

二十四歳の秋。私は、三つの進路のうちからどれを選ぶべきか、迷いに迷っていた。その日、お昼に八十円のラーメンを食べたあと、今日一日で結論を出すのだと自分に言いきかせ、代々木公園のベンチに座って考えをめぐらした。

一つは、不動産業の仕事。私は、友人が立ちあげた小さな会社の企画部長だった。外部から取引の電話が入る。一坪三十万円の土地が、一週間後には二万円上昇し、四百万円増の取引が成立した。この道を選べば、裕福になる可能性は大きい。しかし、金を儲けることができてもその先、自分はどう生きていくのだろうか。身近に、モデルとなる人がいるわけではない。そこに不安があり、展望が持てなかった。

次の一つは、劇場で芝居の照明をする仕事。華やかな舞台の裏で演出をする仕事である。海外の劇場を見て回れそうで、魅力的だった。しかし、これにも不安があった。都心の仕事場に通勤しながら、自分はどの町の住人になるのか、という問題だった。

つまり、暮らしの一つひとつが偶然の結果として用意されているだけで、そこに納得できない何かを感じていた。

最後の一つ。私が東京に出てきた原点は、何であったかということと関連する。中学生の頃、話を聞いているだけで楽しくなる先生がいた。その先生の家で、英語や数学の勉強はそっちのけで、夜遅くまで大学での話を聞いていた。

話を聞いているうちに、大学に憧れた。世界の広さが解るようになるかもしれないと思うようになった。そして、「人を相手にする仕事」に魅かれるようになった。だからこそ今、私はこの場所にいるのではないか。だったら、まずはそこへ立ち戻らなければならない。

そんなふうに考えながら、結論を導き出した。

気がつけば、まわりは暗くなっていた。夜のベンチに一人でいるのは私だけ。いつのまにか、周りのカップルにとって、私は怪しげな存在になっていた。さっさと山手線の駅に向かった。

進路を決めてから、卒業論文を書くことに集中した。しかし、作業は遅々として進まなかった。正月の三が日も休めないと覚悟した。国立《くにたち》市の狭いアパートでの年越し。十二月三十一日の大晦日。私は国立駅近くの商店を見て回った。

聞けば、元旦からの三日間は、どの店も開かないという。新聞は、駅に行けば買えるだろうが、食べものが心配だった。部屋に冷蔵庫はなかった。とりあえず、もらいものの餅がいくつかあって、味噌や醤油や砂糖などもあったから、どうにかなるとは思っていた。

しかし、新年を迎えるには寂し過ぎる。また、石油ストーブで部屋が暖かくなると、竹輪や蒲鉾にはすぐにカビが生えてしまう。このことは、大牟田・東京間の急行「桜島」の二十九時間冬の旅で体験ずみだった。列車の中は暖かく、網棚の上は温度が高かったのだろう。作りたてだったにもかかわらず、着いた翌日には、お土産の竹輪や蒲鉾にカビが生えていた。

私は、魚屋さんの店先で立ち止まり、少なくなった御節《おせち》用の品々を見ていた。何か一つでいいから、新年の三日間が、いくらかでも豊かな気分になるようなものをと探した。すると、意外なものに目がとまった。桶の中のシジミ貝。もちろん生きている。水を替えてやれば三日間くらいはもつ。死んだ貝は口が開くので、選んで捨てれば問題なし。シジミ汁を作って、それに餅を入れたら、ほら！　すてきな雑煮ができあがる。私は桶の中のシジミを全部買うことにした。

「これ、ぜんぶ買うの？　べつにいいけど、けっこうあるよ」

と店のおじさん。不審に思われたようなので、私は一人で年越しをする事情を話した。すると、店の片づけにかかっていたおじさんが言った。

「そうかい。一人で勉強しながら年越しか。よし、半値にまけとってやるよ。持って行きな」

おじさんとの立ち話で、シジミ貝の値段が半分になった。

これで、すてきなお正月を迎えることができる。シジミ貝と魚屋のおじさんに感謝だ。私は、いっぺんに幸せ気分になった。

「外《がい》」

宮原社宅での暮らしの中では、「外（がい）」という言葉が日常的に使われていた。遊びの中で、食事をしている時に、通学の途中で、共同風呂の中で。私も何の疑問ももたず普通に使っていた。社宅を囲んでいるブロック塀の外側の地域を総称して「外」と呼び、そこに住んでいる人々のことを「外の人」と呼んでいた。そこに排除の論理が潜んでいるとも気づかずに。

入湯料を必要としない共同風呂を利用する場合には、「外」かどうかということは大きな問題だった。そのことについて、家族も私も友だちも何の疑問も感じてはいなかった。あえて「内（ない）」あるいは「内（うち）」という表現をし、あからさまに区別しているふうでもなかったが、塀の中こそが世界の中心であるという認識が、私の中に形成されていたとしても不思議ではない。少なくとも私は、排他的で閉鎖的な体質を内面に醸成しながら育ってきていたのだと思う。

私が、〝人々は対等であるべきで、その実現を目指す過程に幸せがある〟という人生観と出会うのは、宮原社宅を出てから後、それまでとはまったく異なった場所で暮らすようになってからのことだった。それまでは唯一映画だけが、別の世界への覗き窓であり、鏡だった。

シネマ新宿で『地の群れ』という映画を観た。原作は井上光晴。監督は熊井啓。原作は小説で、長編ではないのだが、読み続けるだけで骨の折れる作品だった。楽しい読み物というより、「この世界と向き合ってみろ」と挑戦されている感じの作品だった。主な登場人物は、被爆を隠し続ける母と娘。出自や経歴から逃れようとする医師。そして、外界との接触を拒否しながら生きる人たち。映画については、解放運動の側からいくつかの批判が出され、議論を呼んでいたというが、私は心の底から揺さぶられた。

被差別の状況下で生きている人々が排他的になり、それぞれの正義感が強化され、連帯を棄て相互に憎悪し対立する。状況は集団の反目抗争に発展し、暴力事件が起きてしまう。どこに救いを求めればいいのか。私は、自分の中学生時代の状況と重ねながら観ていた。分断された暮らしの現実が、走馬灯のように浮かんでは消えた。

六年生の時に親しくなったヒデオくんは、北朝鮮への祖国帰還運動の時代の中で、在日朝鮮人であることを私に明かしてくれた。ヒデオくんも帰還団の一員となった。私は出国する人たちを乗せた列車を大牟田駅で見送った。プラットホームで、ヒデオくんにガムと大牟田市の地図を渡して別れを惜しんだ。ヒデオくんはいつものように爪を噛んでいた。

米生中学校の東にバス通りがあり、その通りのさらに東側の斜面を下ったあたりを勝立《かつだち》という。大牟田駅からのバスの終点でもあり、かつてはそうとう賑わっていた。勝立には馬渡《まわたり》社宅や大砂社宅、紅葉ヶ丘社宅、朝日ヶ丘社宅、宮前社宅などが広がっていた。太平洋戦争のさなか、福岡県各地の炭鉱には労働力不足を補う目的で、「労務動員」として朝鮮半島から「徴用」された人たちがいた。いわゆる「強制連行」。馬渡社宅にもそういう人たちが住んでいた。

馬渡社宅の解体が行われた昭和六十四年、五十一棟の家の押し入れの奥の壁に、故郷への思いを書き綴っている文字が発見された。労務管理の目を盗んで書き記されていた。その「発見」は「徴用」について調査していた人たちの執念のたまものだと報道された。過去のことではあるが、炭鉱と外界との接触を断とうとする行為が、身近な所で行われていたのである。

三池海水浴場に行く途中に新港町社宅が広がっていた。与論島の文化が継承されていた地域で、今ではあとかたもなく整地され貯炭場となっている。

明治三十一年、与論島を猛烈な台風が襲った。堅固だった学校の建物や住民の家々が倒壊し、サトウキビなどの大切な作物が壊滅状態におちいった。島の暮らしを復興させようにも見通しが立たない。島民全体で話し合いがもたれ、鹿児島県庁での情報をもとに、やむをえず、島ぐるみでの移住となった。移住先は島原半島の南端に位置する口之津。与論島の人たちはここで三池から運ばれてくる石炭積み出しの仕事に従事した。賃金は低く住まいは粗末だった。しかし、家族が力を合わせることによって島の伝統と文化は守られ続けた。

ところがその十年後、三池港が改修されると、口之津での石炭積み出しの仕事は激減し、大牟田への再移住案が浮上した。口之津に残るか、口之津を去るか、島に戻るか。どれも不安がつきまとった。その後、三池港に近い新港町社宅への再移住の道を選んだ人たちは、いくつもの苦難をのり越えながら三池炭鉱の経営に貢献した。にもかかわらず、そんな努力を重ねた人たちをいつまでもよそ者呼ばわりしたりする人たちが大牟田にいた。同じ大牟田市民であることを理解しようとしない人たちがいたのである。

大学を卒業する頃のことだった。演劇部の先輩から紹介され、サツキさんという女性と知り合った。別の大学の同じ演劇部にいるということだった。私と同じ大牟田市の出身で、二つ年上だった。

その場で奇妙な会話が始まった。

「同じ大牟田ですか。いやあ、懐かしいな。で、家はどのあたりなのですか?」と私。

「三池工業高校はごぞんじでしょう。その近くでした」とサツキさん。

「ほう、ぼくもその近く。今もそこですけど。サツキさんの住所は?」

「宮原町二丁目六十七番地でした」

「えっ?　それは、ぼくの社宅の番地。訊いているのはサツキさんの住所ですけど」

「だから、宮原町二丁目六十七番地」

「ええっ、……。嘘でしょう。だったら何棟だったのですか。ちなみにぼくは三十棟」

「何棟とかではありませんでした」

「だったら、やっぱり嘘だ。社宅はみんな、何棟という番号がついているのですから」

「嘘なんかじゃありません。だって、嘘をいう必要なんかないでしょう」

「たしかに。でも……。そうか！　社宅の中に、生垣に囲まれ何軒かあった職員住宅！」

「そうです。そこです」

「では、プールの横のイチジクの木があった家ですか」

「そこです。でも、あれはプールではなくて防火用水でしょう」

「は？　防火用水。ぼくたちはプールと言ってたけどなあ……。それにしても、これまで一度も会ってませんよね。どうしてだろう。学校はどこだったのですか？」

「中学校は延命中学校。高校は三池高校」

「ああ、それでわかった。社宅のもん（者）はみんな米生中学校で、普通科高校に進むなら大牟田南高校。だけど職員住宅の子の場合、進む学校も私たちとは別だったんだ」

だいたいこんな会話だった。それにしても、同じ住所に住んでいながら一度も顔を合わせたことがなかった。ため息が出るほどの驚きだった。

まことに不思議な関係。職員住宅の人たちからすれば、私たちの方が「外」と呼ばれる存在だったのだ。しかし、こうした現実は、三井鉱山によって栄えた大牟田においては、いたる所にあったにちがいない。暮らしの場で意識されずに深化されていく差別の重層構造。そのような現実が身近な所で進行していたのである。

宮原社宅の子どもたちの場合、小学校は駛馬北小学校で、中学校は米生中学校だった。高校は、普通科を希望するなら大牟田南高校。実業高校を希望する場合は三池農業高校か三池工業高校、あるいは大牟田商業高校。これが通常の進路だった。

三池高校は前身が旧制中学校だった。伝統校なので人気があった。しかしそこに進みたいと思っても、米生中学校や右京中学校、船津中学校、勝立《かつだち》中学校の生徒である場合はできない仕組みになっていた。しかし、同じ宮原社宅にいながら、サツキさんは職員住宅で、私は鉱員社宅。その違いだけで、その後の進路に大きな違いが生じていたのである。

背景をたどれば、改善すべき社会問題の断片だけでも照射することができる。

一つは、三池炭鉱従業員の住宅問題である。三池炭鉱史を研究していた武松輝男さんは生前、次のように指摘していた。

「三池炭鉱の社宅には違いがあり、雇用された身分によって六階級に分かれていた。

四級（係長）までは浴場を備えているが、五級（係員）には付いていない。一般鉱員用が集団住宅と呼ばれる六級で、平屋と二階建てがあった」（参照・熊本日日新聞記事「消えゆく炭住」一九九五年）

私は六級の平屋建ての社宅に住んでいたことになる。サツキさんの家は四級だったと思われる。サツキさんは自宅に備えられた風呂に入り、共同風呂に通う必要はなかった。私の家とは少々離れていたし、日常的に会う機会はなかった。まさに「外」の関係。暮らしの中の分断が、そこに存在していた。

次に、右京中学校と延命中学校との関係について。

現在は大牟田市でも少子化が進み、義務制の学校は再編の過程にある。この二つの中学校と船津中学校は統合され、宅峰中学校として生まれ変わった。

右京中学校と延命中学校とはきわめて近かった。歩いて一九〇歩の距離。二つの公立中学校がこのような状態で併存している自治体が他にあるだろうか。にもかかわらず、地元で話題にされることもほとんどなかった。

小学区制の時代における中学校の進路先は、船津と右京中学校は大牟田南高校。延命中学校は三池高校と線引きされていた。過去に詳しそうな人たちに尋ねてみたが、答えは誰からも返

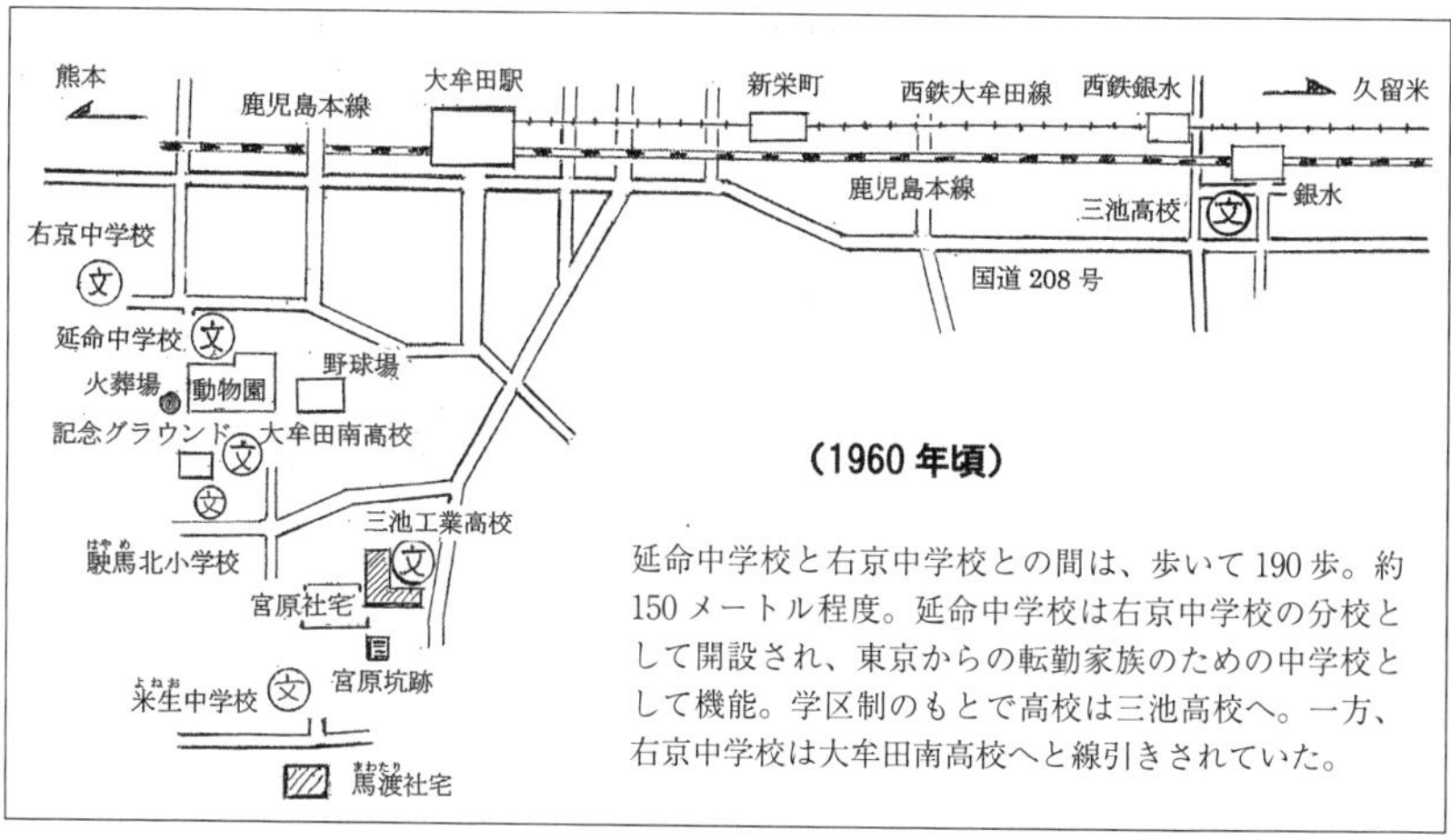

延命中学校と右京中学校との間は、歩いて 190 歩。約 150 メートル程度。延命中学校は右京中学校の分校として開設され、東京からの転勤家族のための中学校として機能。学区制のもとで高校は三池高校へ。一方、右京中学校は大牟田南高校へと線引きされていた。

中学校と高等学校の位置（著者作成）

ってこなかった。同級生の友だちにも訊いた。

「そげん、ややこしかこつが俺にわかるわけがなかやっか」という返事だった。

おかげで、この不思議さは私の中でくすぶったままだった。しかし最近になって、延命中学校は右京中学校の分校として開設された、という経緯が判明した。（上図）

これは推測だが、延命中学校と右京中学校との関係には、「地域と文化」の問題があったと思われる。大牟田には、三井鉱山東京本社の関係者が数多く転勤して来ていた。家族ぐるみの転勤の場合もあった。学齢期の子どもがいると、親としては通う学校のことが心配になる。いずれ東京に戻るのだから、東京の文化と言葉を大切にしたい。できることなら、大牟田の文化と言葉に染まらないですむような学校に通わせたい。そういう要望が強まり、市の行政もこれを受け入れた。そして、右京中学校の分校として延命中学校が開設された。さらに延命中学校の進路先は、大牟田南高校ではなく、遠くにある三池高校だった。

私はそのように推測している。

社宅の外側の地域を「外」と呼ぶ。「外」という言葉は、際限なく「外」をつくり出す。物理的には間違っていない表現なのだろう。しかし、暮らしの中では排他的で閉鎖的な意識を醸成する。宮原社宅で日常的に使われていた「外」という言葉。私たちは分断され閉鎖された状況を、当たり前のように受け入れながら育ってきていたのだ。「外」と言って内にこもる。疑問を抱くこともない。これでは、何も変わらない。「外」という表現には、一つの世界観の選択が存在している。

「外」は線引きの言葉である。暮らしの場に線引きがなされ、そこに雇用と被雇用の関係が結ばれる。すると人々は、人の命の重みに対する価値観にまで、違いを感じるようになる。そのことは、炭鉱におけるこれまでの事故や事件が示している。

やがて来る日に

二行の真意

東京で人生の迷子になっている時、吉祥寺駅近くの古本屋で一冊の岩波新書を手にした。題名からして自分に関係があると直感した。その本は、上野英信著『追われゆく坑夫たち』。買って帰った。石炭景気が去った福岡県の筑豊で閉山が続くなか、失業した人々がどのように生き、何が問題なのかに迫る内容の本だった。

読みながら、私は自分の原点に連れ戻されていた。

福岡に戻った時、上野英信さんは南米のブラジルなどに移住した炭鉱離職者を訪ね回られていた。『写真万葉録・筑豊』の監修も始まっていた。私は、『日本陥没期』という本を読み始めた。英信さんは、三池闘争の最中に新港町社宅で向き合った子どもたちのことを文章にしていたのだ。その章のタイトルは「三池の子どもたち」。

冒頭の二行に掴まれた。

「一九六〇年四月現在、日本の子どもたちのなかでもっとも幸福なのはたれか、と訊ねられれば、私は躊躇なく答えよう、それは三井三池労組の子どもたちである」

えっ、と思った。なぜなら、私も三井三池労組の子どもだったからである。しかし私の記憶の中に、自分が幸福だったという実感はない。むしろ、辛いと思うことの方が多く残っている。それからというもの、この二行は沖合で点滅する浮標《ぶい》のように、私の頭の中で浮かんでは消え、消えては浮かんだ。一九六〇年の四月現在、タカちゃんや私は幸福だったのだろうかと。

その当時、家での煮炊きは、ガス台でなく七厘を使っていた。燃料となる配給のコークスや豆炭は、定期的に鉱業所の売店にもらいに行くことになっていた。ガラ箱（うば車とも言っていた）を押して社宅の外に行くのだが、その姿を同じ年代の女の子に見られるのが恥ずかしく辛かった。年頃の私には、格好悪く思えていたからだ。

学生服も、母がせっかくいただいてきてくれたものなのに、流行りのスタイルではないからと、イヤイヤながら着ていた。学校に持っていく弁当についても、こまごま文句を言っていた。私は両親を困らせる悪い子だった。少なくとも私は、幸福と言えるような子どもではなかった。

社宅の中心部にスピーカーが据え付けられていて、朝な夕な「地域分会から連絡いたします」などと、三池労組からの放送が行われていた。「主婦会から連絡いたします」という放送もあった。放送の前にはかならず『炭ほる仲間』（三池炭鉱労働組合歌）という歌が流されていた。使い古されたレコード盤の合唱曲は、ところどころ歌詞が意味不明に聞こえるけれど、しみじみと励まされるようで、私は好きだった。

みんな仲間だ炭ほる仲間　ロープ伸びきる真《ま》卸《おろし》切羽《きりは》
　未来の壁にたくましく　このつるはしを打ちこもう
みんな仲間だ炭ほる仲間　たたかい進めた俺たちの
　闇をつらぬくうたごえが　おい聞こえるぞ地底から
みんな仲間だ炭ほる仲間　つらい時には手をとり合おう
　家族ぐるみのあとおしが　明るいあしたを呼んでいる
みんな仲間だはたらく仲間　けむる三池のたてよこ結ぶ
　旗に平和としあわせを　三池炭鉱労働者　三池炭鉱労働者

社宅には、三池労組の大型の街宣車「はたかぜ」が入って来ていた。誰かが後部デッキに立って演説をしていた。車はまだ普及していない時代で、「はたかぜ」は子どもたちの人気だった。

「はたかぜ」は映画の上映もしてくれた。映写機とスクリーンを載せて、広場にやって来た。みんなはその時を楽しみにしながらゴザを敷いて待った。大型のスクリーンが張られ、暗くなるのを待って屋外映画館が開かれた。夏の日暮れは遅い。まだ明るいうちから映画が始まる。風が出るとスクリーンが波を打ち、俳優の顔が歪む。だが、そんなことはとるに足りないことだった。そこでは、社宅内外の人たちが共に集い、穏やかな時間が流れていた。

しかしこうしたことをもって、三池労組の子どもが幸福だったとするのは、言葉の真意から遠ざかってしまう気がする。では、なぜ「三池労組の子どもたちは幸福」と言われたのか。逆説的で暗示的ともいえるこの命題は、今もなおお心のなかをさまよっている。

つかみ出す一番いい方法は何か。英信さんに直接会って訊いてみることだろう。英信さんはきっと両切りのピースをくわえ、煙をくゆらしながら「うん、うん」とうなずき、話を聴いてくださる。しかしその後に、「農中さんの考えは?」という言葉が、お酒と一緒に返って来るだろう。すると、またしても困るのはこちらだ。しかもその英信さんだが、すでにこの世にはいらっしゃらない。

あらためて、三池闘争の頃のことをふり返ることにした。

新学期が始まって私は中学校二年生になっていた。ストライキとロックアウトの対立はいっそう激しくなり、新聞や映画のニュースは、組合の分裂騒ぎを大きく報じるようになった。毎日通う共同風呂のなかの空気も変化した。それまでの穏やかさや安らぎが消え、ちょっとしたことで言い争いが始まり、喧嘩に発展するようになっていた。

私も湯壺の中で、いきなり後ろから頭を叩かれるという出来事を体験した。振り返ると、ふだんはおとなしい顔見知りのオダさんが顔を赤くして立っていた。

「(第二組合への) いやがらせか!」

と怒鳴られた。

私は手ですくった湯を肩にかけながら、夢中で野球の話をしているところだった。ところが、その湯が、たまたま後ろにいたオダさんにかかってしまったらしい。オダさんは、三池労組を脱退したばかりだった。すぐに叩かれた事情を理解した。自分の不注意だとわかったので、謝ろうとした。しかし私の申し開きより早く、そばにいた年上のモッちゃんの鉄拳がとんだ。モッちゃんなりに私をかばってくれたのだ。

「わざとしたとじゃないとに、くらせんでもよかやっか。こん裏切りもんが!」

モッちゃんが怒鳴った。そして、湯壺から出たオダさんを洗面器で叩き罵倒した。

オダさんも負けてはいなかった。

「何が裏切りもんか。おまえたちに、何がわかるとか!」

幸い、組合の役員をしているタミヤさんが割って入り、おさめてくれた。

私はただ悲しかった。いつ終わるとも知れぬこうした状況を、どう理解すればいいのか。学校の先生たちの表情は硬いし、両親はただ必死だし忙しいし、尋ねてもきちんと教えてもらえるようには思えない。自分で考えなければならないのだと思うしかなかった。

私は映画の見過ぎだったせいかもしれないが、江戸時代の末期にくり広げられた開国派と攘夷派との血生臭い抗争と重ねていた。自分なりに「安保と三池」と言われる状況を、過去の大きな出来事を参考にしながら理解しようとしていたのだと思う。

こうした経緯をふり返った時、「幸福」と言えるもの。その一つとして、暮らしの中に「頼りになる組織」があったということが考えられる。

父親たちは三池労組に結集していて、母親たちは三池主婦会で活動していた。私の場合は、宮原社宅子ども会の一員であるという自負があった。暮らしの中での不安や疑問を、一緒に考えてくれる仲間がいたということ。孤立感を抱いた時に相談することができた。おどおどしなくてすんだ。組織に縛られているということよりも、組織を信じ、組織に守られているという実感を持つことができたということ。労働者の家族の場合、信じられる組織があるということは、「幸福」の一つであるに違いない。

しかしこのことは、英信さんの言う「幸福」とは重ならない気がする。すぐれた組織であっても、矛盾した状況に追い込まれ、間違いを起こしてしまうことがあるからだ。

であるならば、英信さんは何をもって「幸福」と言い放ったのだろうか。
「首きり反対」のストライキが長引くにつれ、子どもの私たちは、自分たちだけで夜の食事をとることが普通のことになっていた。全国からやって来る支援者やオルグといった人たちの受け入れも始まった。組合員の家での寝泊まりの案内や、お茶入れ等のお世話は、その家の子どもたちの日常の仕事になった。いつのまにか、家事の大部分は子どもたちが担うようになっていた。

学校の先生たちもマスコミも気づかないことが、三池労組の子どもたちの家庭の中で起きていた。それは、子どもたちによる家庭の自主管理。それぞれが、その家の主体的な構成員の一人として暮らすようになっていた。私の場合、そこまでの自覚があったかどうかは疑わしいが、いくらかの実感はある。すくなくとも家庭というものの全体像をつかむことができるようになっていた。

小遣いの管理や靴の洗濯、部屋の掃除、買い物、七厘熾し。日によっては食事のしたくや後片付け。大切なことの連絡。こうしたことは当たりまえのことで、日常だった。その一方で、社会や経済の関係がむきだしになり、暴力的な衝突が目をそむけたくなるまでに発展する。ふだんは隠れて見えない現実の裏側までが見えるようになる。

英信さんをして「三池労組の子どもたちは幸福」と言わしめた理由は、これだったのではないだろうか。

しかし私にとっての「幸福」の正体は、これだけではない。もう一つ大切なことがある。私の内で、ある考え方が芽生えていた。その考え方とは、「おとなになれば、子ども以上の勉強が必要になる」ということ。中学生だった時、「卒業したら勉強せんでよかけん、はよ(早く)卒業したか」という声を聞いていた。しかし私は逆だと思うようになっていた。

『やがて来る日に』という詩がある。約半世紀前になるが、三井鉱山の合理化案受け入れを知らせる三池労組の速報紙に添えられていた。私は「三池闘争」と自分との関係を探るために、ある人のお宅を訪ねていたのだが、そこでこの詩を見つけた。通された部屋の鴨居に額があり、その額に『やがて来る日に』の詩が筆で書かれていた。原文だと思った。

やがて来る日に

やがて来る日に
歴史が正しく書かれる
やがて来る日に
私達は正しい道を進んだといわれよう

私達は正しく生きたといわれよう
私達の肩は労働でよじれて
指は貧乏で節くれだっていたが
其のまなざしはまっすぐで
美しかったといわれよう
まっすぐに美しい未来を
ゆるぎなくみつめたといわれよう
働く者の未来の為に
正しく生きたといわれよう
日本の働く者が怒りに燃え
たくさんの血が
三池に流されたといわれよう

ちなみにこの詩の後には、「三池企反斗争詩　一九六〇年夏　ホッパー決戦」という文言が記されていた。

正しいと思うことでも通らない時がある。そのことを実感せざるをえなくなってから、私は自分で自分を支えることのできる何かを求めていた。そして、掴んだものが「おとなは学び続ける」という考え方だった。

父も母も、夕方から夜にかけて「学習会」に出かけていた。そうした姿を見ながら、私は考えていた。おとなになれば世の中のややこしさに巻き込まれ、勉強することが今よりもっと多くなる。そして遊ぶ時間は少なくなる。であるならば、子どもである自分は、今のうちにいっぱい遊んでおいた方がいい。都合のいい考え方かもしれないが、お手伝い以上に遊びはもっと大切なことなのだと。

遊びは、子どもがおとなになっていくための門のようなもの。だから、子どもは遊ぶことで自分を磨いていく。遊びの中では怪我や失敗もするし、喧嘩にもなる。命拾いをする場合だってある。しかし、そうした経験をたくさん重ねながらかしこいおとなになっていく。これはきっと古今東西の真理であるにちがいないのだ。

そして、さらに一つの歌を知った。

「遊びをせんとや　生まれけむ　戯れせんとや　生まれけん
遊ぶ子どもの声きけば　我が身さえこそ　動《ゆる》がるれ」（『梁塵秘抄』）

東久留米の雄辿寮で年越しをしていた日の夜。酔っ払った東北出身の先輩であるテルノさんが、寒空に向かって吠えていた。すぐにその意をくみとれたわけではないが、歌の奥深さのようなものを感じとっていた。

その後この歌が、十二世紀末に編纂された『梁塵秘抄《りょうじんひしょう》』の中の一首だということを知った。私はこの歌の魅力にひかれ、しばしば呟くようになっていた。そして私の中に、「おとなは学ぶ、子どもは遊ぶ」という命題が座った。

以来、私はこの命題を大切にしながら生きてきた。そして、今もこの命題を大切にしながら生きている。

「一九六〇年四月現在、三井三池労組の子どもは日本で最も幸福な子どもである」

と英信さんは言い放った。

この言葉の真意は謎だった。しかし、これまでのような整理の仕方をすれば、この言葉をすなおに受け入れ、納得することができる。

「おとなは学ぶ、子どもは遊ぶ」

自分の頭で、自由に学ぶこと。どんな状況下にあっても、それは喜ぶべきことであるし、それこそが幸福の証。つまり、「我思う、ゆえに我あり」ではなく、「我あり、ゆえに我思う」なのだ。私はそういう考え方にたどり着いた。誤解をおそれずに言うならば、子どもの頃の三池闘争下での体験が、そこへ導いてくれたのかもしれない。

さて、上野英信さんだが、私の理屈に対して何と言われるだろう。もう一度お会いして、お話をうかがいたいものだ。

闇への案内板

大牟田市中心部の一浦《いちのうら》に、番号だけが刻まれた黒くて小さい墓石がある。通称「一浦囚人墓地」。数字を漢字で表記し、数字の下に「号」と刻まれている。太さは家の柱くらい。確認できる墓石は四十一基。

墓石は西を向いて三列。前列は、南から四十二号、六十七号、四十八号、五十二号、四十九号、三号、十六号、廿六号、廿三号、五号。二列目は、南から六十四号、六十三号、七十一号、卅五号、五十六号、十五号、十一号、六十九号、判読不能、四十七号、卅六号、六十二号、判読不能、十七号、卅八号、判読不能、九号。三列目はすぐ後ろが一般道路になっていて、南から八号、四十号、判読不能、判読不能、一号、五十五号、十九号、判読不能、判読不能、七十三号、判読不能、判読不能、廿二号、廿七号。

判読不能というのは、文字がかすんでいるからではない。墓石全体が土の中に沈みこんでいるのだ。頭の部分だけがかろうじて出ていて、まるで溺れそうにしている。

私は、かつて三池炭鉱労働組合の書記をしていた小崎文人さんに案内してもらい、この墓の存在を知った。刻まれた漢数字は三池集治監での囚人番号。宮原坑などで採炭に従事していた囚人たちの墓だという。見渡して言葉を失った。墓の数だけ人生の物語があったのだと思うと、胸が痛くなった。

現在も北側に案内板が立ててあり、次のように記されている。

一浦囚人墓地。番号だけが刻まれている。

お願い
この墓は、昔から囚人墓地とつたえられているところです。
この大切な墓地を市民の皆さんの手で保存していただくよう心からお願いいたします。

大牟田市囚人墓地保存会

ちなみに三池集治監は、西南戦争から六年後の明治十六年（一八八三年）に明治政府が開設。明治政府に逆らった士族などのいわゆる国賊を「懲戒」するための場として建てられた。明治三十六年に「三池監獄」に改名。大正十一年（一九二二年）に「三池刑務所」となり昭和六年（一九三一年）に廃監。廃監と同時に炭鉱における囚人労働が廃止。廃監の前年に女性の坑内労働が禁止され、坑内馬の使用が廃止。昭和十年には、福岡県立三池工業高校の前身である私立三井工業学校がこの地に移転改築されている。

それにしても、どういう事情で囚人番号だけを刻んだ墓石がここにあるのか。そのことについての説明はどこにも記されていない。いくつか解釈されているが、たしかな手がかりはなく謎めいている。私はまず、差別戒名との関連を思った。

日本の各地・各宗派の墓地では差別戒名を刻んだ墓石が確認されている。たとえば十六ミリドキュメンタリー映画『太陽の涙――石の証言』（企画／製作・差別戒名を糾す会、監督・西森康友）は「革男《かくなん》」「屠孩子《とがいし》」「似女《じじょ》」「革童子」などといった文字を刻んだ墓石を紹介し、そのことを問題視できない仏者を告発している。

しかし、それと関連づけるのにも無理があるように感じた。そして、三池集治監の放免囚との関係で考えた。

監獄での刑期を終えた放免囚は故郷に帰る。しかし帰れない事情の人もいる。そうした人は一丁玉の長屋で暮らす。すでに罪人ではないのだが周囲の目は冷たかったことだろう。故郷との関係を絶ったままでも、一丁玉で臨終を迎えればどこかに埋葬される。その場所がこの一浦囚人墓地だったのではないだろうか。だが、これも私の推測にすぎない。真偽のほどは闇の中。

あらためて訪れ、しばらくそこにたたずんでいた。いつ頃からか、地面には砂利が敷きつめられ、木製の案内板は鉄板にかえられていた。しかしそれも古くなり、案内板の縁には錆が浮いている。それを見ながら、私は似たようなもう一つの案内板のことを思った。筑豊の貝島炭鉱で栄えた宮田町にある「復権の塔」である。

「復権の塔」は宮若市宮田町の千石《せんごく》公園の駐車場から少し登った所にある。高さは人の背丈の三倍を越え、がっちりした台座の上に、夫婦と思われる二人の坑夫が立っている。正面にそびえる笠置山の方を見据えながら、女性は弁当箱とカンテラを持ち、男性は三本のツルバシ（ツルハシ）を担いでいる。台座と坑夫を見上げる広場の横に、案内板が設置されている。

復権の塔

過去一〇〇余年、日本の産業経済は石炭によって支えられ今日の繁栄の土台を築きあげてきた。最盛期には三〇〇坑もあった筑豊の炭鉱もいまはすべて終閉山し産炭地としての筑豊は永久に忘れ去られようとしている。
かつて炭鉱労働者として石炭産業に従事された多くの人々がその犠牲者となり、又戦時にあっては外国の人々の犠牲者も多数にのぼっており、過去の「人間疎外」に対して「人間性の回復」への願いと、諸外国犠牲者に対するお詫びの意味をこめて、「炭鉱犠牲者復権の塔」が千石公園に建設された。

宮若市観光協会

復権の塔

この塔は、貝島炭鉱で働き日本基督教団宮田教会の牧師であった服部《はっとり》団次郎の呼びかけで完成した。『沖縄から筑豊へ――その谷に塔をたてよ』（服部団次郎・昭和五十四年・葦書房）に詳しく書かれている。

台座の基礎である地中には、人名を記した石が一万個以上埋められているという。炭鉱事故で亡くなった人、閉山で失職した人、故郷の朝鮮半島や中国大陸に戻れなかった人、製作に携わった人、資金面で協力した人。そうした人たちへの深い思いが込められている。

台座の左右には、四枚ずつ八枚の石板がはめてある。戦時中に日本軍の捕虜となり、苛酷な炭鉱労働に従事した外国人労働者を記念しておくための石板である。服部さんは建設の趣旨を添えて、当時の関係国と連絡をとった。趣旨に賛同した国の労働組合から石版が届けられた。依頼に応じた国々は、イギリス、オランダ、オーストラリア、インドネシア、アメリカ、カナダ、中国、旧朝鮮。石版は色と模様にそれぞれの国の特徴がある。

さらに、あまり知られていないようだが、山本作兵衛さんの画『函《ハコ》ナグレ』をもとにしたレリーフも飾られている。製作の資金集めに奔走していた服部さんは、作兵衛さんにも協力を頼んだ。作兵衛さんは王塚跣著『筑豊一代』の紙芝居の絵を描いて協力していた。

残念なことに、案内板にはこうした内容はかけらも記されていない。したがって、千石公園に来た人が予備知識もなく、木立の中にそびえるこの「塔」を初めて目にすれば、まずびっくりすると思う。そして解釈に苦しみながら、とりあえずカメラのシャッターを切ることになるだろう。

千石公園は桜の名所でもある。その日はたまたま桜の花が満開で、駐車場脇の清流には花びらが浮いていた。私は「塔」の案内板の文字を確かめるために、藤棚をくぐりながら公園の坂を登った。案内板があるあたりは小さな広場になっている。さいわい雑草はきれいに刈られていた。すると私の後から、幼い子どもを連れた若い夫婦が登ってきた。夫婦はすぐに「塔」の存在に気づいた。そして驚きの声をあげた。

「わっ！　何かあそこにある。何やか。大きいね。知っとった？」

「いや、俺も知らん。何やかね」

「何か、由来を聞いとったような気がするけど……」

二人が「塔」に関心を示したのはそこまでだった。子どもがぐずり始めると、あやしながら一緒におやつの時間となった。「塔」のことは、二人の話題から消えた。

風雨にさらされながら立ち続けている「囚人墓地」と「復権の塔」の案内板。このままだと、二つの案内板は時間の経過とともに確実に劣化していく。そうなれば、旧産炭地の闇がさらに広がってしまう。

炭鉱の仕事に従事して死んだ人の数は、おそらく、私たちの想像をはるかに越えるものであろう。この国の地底には、現在の繁栄に貢献したそれぞれの人たちの物語が埋まっているのだ。案内板はそこへの大切な坑口であり、闇を照らすカンテラである。けっして失くしてはならない。

三池炭鉱の大牟田・荒尾地区には、案内板もなく理解困難で不思議な場所がある。

荒尾市の旧万田坑の隣に万田公園がある。そこに、道路を背にして石の観覧席がある。その先には池があって、池に沿って道らしきものもある。石の観覧席の上には日よけを兼ねた藤棚。当時の人たちは観覧席からいったい何を見物していたのだろう。そして池沿いの道はどこに通じていたのだろう。だが案内板はなく、これも闇の中。

さらに大牟田の米生《よねお》町にある通称「権現《ごんげん》堂」。囚人を弔った墓があると語り伝えられていた。宮原社宅にいた頃、朝と夕方に梵鐘の音がここから聞こえていた。「倶會一處《くえいっしょ》」と刻まれた墓があることを知った。

「倶會一處」と刻まれた墓

「倶會一處」への道は、夏場にはつる草と竹が繁り、道が消えてしまう。ヤブ蚊の大群がいて毒ヘビも出そうだ。私は晩秋になり、草が枯れてから行った。道はいったん登りになり、福寿院の庭から下りになる。「倶會一處」は西斜面の藪の中にあった。前景をふさぐように大きな電波塔が建っていた。

墓の正面の上には、三池炭鉱の経営者

である三井の、丸に井桁の家紋がある。家紋の下に大きく「倶會一處」の文字。側面に三行。「三井鉱山株式会社」「大正十年三月三十一日」「三池鉱業所」の文字。黒い墓石を囲むように境界石が四本。あたりに大小いくつもの墓。しかし不思議なことに、この場に縁ある人たちが拝みに訪れているという気配は感じられない。案内板もない。

「倶會一處」の墓に並んで立ってみた。前面の草木が取り払われれば、左手に旧宮原坑、遠くに有明海を望むことができる。かつて、三池集治監を出た囚人の一団が宮原坑へ通っていたという道も眼下に見えるはずだ。

「倶會一處」の周辺を見回しながら、私はあることを考えていた。囚人の中には三井家と何らかのつながりを持った人がいたのではないかと。その時、藪の中にまばゆい光が射しこんだ。

たとえそうではないにしても、この地で掘られた石炭によって、三井家は巨大な富を築きあげることができたではないか。だから、すくなくともこの墓を放置するようなことはしてほしくない。

囚人とはいえ、危険にさらされながら命がけで罪を償った人たちである。しかもその人たちの労働は、三井鉱山の発展だけでなく、この国の繁栄に大きく貢献した。そのことを闇に葬ってはならないだろう。そうした礎《いしずえ》があって、私たちは今を生きているのだから。合掌。

ふたたびの大牟田

ピンポーン

幼なじみのタカちゃんとは、高校から進路が分かれ関係が途絶えていた。

たまたま故郷の大牟田で再会した時、二人はすでに家族を持ち、それぞれの仕事に就いていた。それから私とタカちゃんとの新たな関係が始まった。実際に会うのは一年に数回くらいなのだが、話題は豊富にあった。二人は大牟田弁で盛り上がった。

一方で私の家族は、そんな私とタカちゃんとの関係を、どういうふうに見ていたのだろうか。意外なことに、息子がその一端をうかがわせる作文を書いていた。

その文章は、息子の小学校の卒業記念アルバムに添えられていた。


「ピンポーン、ピンポーン、ピンポーン。」

あれは、夏休みのおぼんのことだった。

「あっ、たかちゃんだ。」

みんなあわただしく、部屋をかたづける。

うちのお父さんの友達です。社宅のときから仲がよかったそうです。おぼんのときは、いつもおまいりに来るのです。なぜ、玄関にでてないのに、わかるのは、インターホンは、ふつう三回ならさないでしょう。

全部かたづけて、玄関に行ったらもうすでに入っている。すると、

「お父さんはおるね。」

「いますけど。」

「そうかい。おじゃまします。」

ぼくとおねえちゃんは、二階に上がりました。お母さんはお茶を入れて、お父さんは仏間にいました。たかちゃんは、おまいりをして、お父さんと話をし始めました。

二人が、仏間から出てくると、たかちゃんが、かってにテレビをつけた。上から見ていると、むかつくものがありました。

「人の家のテレビ、かってに見てんじゃねえよ。」と思いながら、見ていました。

番組は、甲子園でした。するといきなり、

「いいぞ、そこだいけ、はやく回れ、ああこいついけんねえ。」

と言いながら、つくえをたたいて、こうふんをしていました。
家ぞくみんな、目を丸くして、おどろいていました。
そして、甲子園が終って帰っていきました。
そしてあわただしい一日が終わりました。

私にとっては自然な付き合い方でも、家族にとっては、不可解な関係だったのだろう。だが、幼なじみという関係はおおよそそんなものだと思う。私は、息子がこのような作文を書いてくれていたことをうれしく思った。

それから二十数年後のこと、私はタカちゃんと「外苑」というレストランで食事をする予定でいた。ところがタカちゃんは体調を崩しているらしく、病院で会うことになった。

茶碗蒸し

入院先に行ってみると、タカちゃんはベッドの上で点滴を受けていた。数本のカテーテルにつながれており、安静中だった。テレビや新聞は自由に見てもいいということだった。ソフトバンク・ホークスの熱烈なファンで、ちょうど連勝中だったこともあり、プロ野球を論じる声にはタカちゃんらしい勢いが感じられた。スポーツ新聞を買ってきて、二人で野球の話題で盛り上がった。しかし、すぐに疲れが見えた。食欲もないという。

「ごはんが入らんとたい。食べきらんごとなっとる」

タカちゃんの一言で、心配がふくらんだ。

次の日、刻み梅干しの差し入れをした。

「ノリちゃんが漬けたつかい。梅干しは、おっちゃんの作らしたつがうまかったもんね。ばってん、今まで食うた中で一番うまかーて思ったつは、やっぱりおばちゃんの茶碗蒸しやったばい。ほんなこつ、うまかったあ。そん時まで茶碗蒸しとか食べたこつがなかったろうが。初めて食べた時、こげんうまかつのあったとかねって思うたもん」

そう言いながらタカちゃんは、食べやすく刻まれた梅干しを小瓶から箸でつまみ出し、ごはんにのせて食べ始めた。

「うまか。これならごはんが入る。ノリちゃん、すまんばってん、茶碗にお湯ば入れてきてくれんやか。お茶漬けにして食べてみるけん」

私はタカちゃんの茶碗を持って、いったん廊下に出た。そして看護師さんに事情を話し、了解してもらったうえでお湯をさし、部屋に戻ってタカちゃんに茶碗を渡した。タカちゃんは刻み梅干しをおかずにしながら、ずるずる食べ始めた。

「ゆっくり食べんね。そげん急いだら胃に悪かよ」と私。

「うんにゃ、食べたい時に食べとかんねと言われよるけん、大丈夫」とタカちゃん。

あっというまに茶碗は空っぽになった。

「うまかった！　こげん食うたつは久しぶりやったばい。ノリちゃんありがとう。ばってんたい。おばちゃんの茶碗蒸しは、なんであげんうまかったつじゃろか？」

おばちゃんというのは、私の継母のことである。正確には、父の後添いとして一緒に暮らすことになったキヨヱさんのこと。

父の再婚は、私が小学校五年生になる時だった。新しい生活に慣れるまでには時間がかかったが、まもなく穏やかで、めりはりのある毎日になっていった。キヨヱさんは家にいる時はよく着物を着ていた。和服に白の割烹着が似合っていた。

しかし時代はすでに、「安保と三池」と言われる「三池闘争」の前哨戦に入っていた。

「脱落者」という言葉が使われるようになった。組合を脱退した人たちを指す言葉で、まとまっていた社宅の空気に亀裂が入り始めた。組合のストライキが多くなり、「賃金カット」という言葉を、暮らしのなかで頻繁に聞くようになった。組合は「一万円生活」を提唱し、そうした事情は子どもたちにも知らされた。

それでも私たち子どもは元気だった。仲が良く、集団としてのまとまりは続いていた。また、そうあろうと努力していた。宮原社宅の少年野球チームだけは、一緒に続けられるようにと、組合の役員さんや組合を脱退した人の家を訪ね回って頼み込んだ。会費の話が出ると、自分たちの小遣いで何とかするからと、私はおとなたちを説得した。

キヨヱさんは、「三池主婦会」の一員として、学習会や炊き出しなど外に出かけることが多くなった。いつのまにか、キヨヱさんの穏やかな着物姿も見られなくなっていた。

キヨヱさんとの暮らしが始まった頃、タカちゃんが言った言葉が印象的だった。

「ノリちゃん、今度のお母さんは優しかね。こげんかこつは、言うたらいかんとやろうばってん、おれはよかったと思うとると」

生んでくれた母が離婚し去って行った。子どもとしてはその現実を受け入れるしかない。そして次の母が来てくれた。その現実もまた受け入れるしかない。私は、きわめて複雑な状況下に置かれていた。去られた悲しみと来てもらった喜び。そうした感情の止揚は自分の力で行わなければならなかった。たしかに、タカちゃんの言う通りなのだ。複雑な私の胸の内を、タカちゃんが共有してくれていると思うとうれしかった。

「優しかよ。学校であったこつば、よう聞いてくれらす。ごはんもうまか。味噌汁も上手。ばってん、きびしかばい。野球ば続けるて言うたら、習字ば習いに行くなら、よかよって言われた。週に一回社宅のクラブに、マツイ先生という人が来よらすげな。よか先生やけん習いに行けって」

「そんなら、よかやんね。俺もソロバンば習いに行きよるたい。普通は金のかかるこつは、するなって言わるっとばい。ノリちゃんの病気は、まだ完全には治っとらんとやろうが。ほんなこつは、野球はしちゃいけんて言いたいとよ。ばってん、お母さんなりにいろいろ考えて、そげんかふうに言いよらすとたい。野球はさるっとやけん、よかやんね。感謝しとかんなら」

タカちゃんは、お母さんのお腹の中で空襲を体験しているからなのだろうか、いつも、生きていることへの感謝の気持ちを口にしていた。

「ああ、もういっぺんだけでよかけん、おばちゃんの茶碗蒸しば食べたか。茶碗蒸しは、あっちこっちで食べてきたばってん、おばちゃんの作らしたつに、かなうとはなかったばい。おばちゃんの茶碗蒸しは天下一品やった。あげんうまか茶碗蒸しば食うて、俺は幸せやったと思う。おばちゃんがまだ生きとらしたら、ほんなこてよかったとにって思うとよ」

ダシの取り方、具材のそろえ方、調味料の使い方、器の合わせ方等。うまい茶碗蒸し作りの裏には、こうした様々な工夫が凝らされていた。それだけではない。キヨヱさんの茶碗蒸しがタカちゃんをこれほど感動させた背景には、キヨヱさんの私たちの成長に対する願いが込められていたのだと思う。キヨヱさんも再婚だった。新しい暮らしの出発に際しては、なみなみならぬ決意がその胸に秘められていたにちがいない。

子どもたちのおとなに対する期待。その期待に応えようとするおとなの配慮。そうした心情の響きあいの中で、味わい深い茶碗蒸しが仕上がっていたのだと思う。

「ハインヅカ」の謎

入院中のタカちゃんを励ます一番いい方法は、私が会いに行くことだと思った。何しろタカちゃんは、私が小児結核療養中だった頃、いつも付き合ってくれていたのだから。会いに行けば、おしゃべりをしたり、私が書いた文章を読んだり、何か必要な物を取りに行ったりと、いろんなことができる。なかでも、私が書いたものを声に出して読むと、タカちゃんはおおいに喜んでくれる。

「ハインヅカ」の謎の話もその一つだった。幼かった頃、「ハインヅカ」という地名についてタカちゃんと語り合った時、二人は謎につきあたった。そして「謎は謎のまんま」になっていた。

その後、私はずっと気にしていた。すでに亡くなられたタカちゃんのばあちゃんの言葉が、解くカギだと思っていた。

「ハインヅカのインは、犬のことではない」

インは犬ではないらしい。どういうことなのか？　しかし、謎はいつまでたっても明らかにならず、しまい込まれたままだった。

そして、私が五十歳を超えた頃に、やっとその謎を解く糸口を見つけることができた。

学生時代の恩師の小林文人先生から、モンゴルでの話を聞いている時だった。一冊の本が話題になった。「羽犬塚のことが書いてあるよ」という言葉に添えて、その本を渡された。それが、司馬遼太郎著『草原の記』（新潮社）だった。羽犬塚のことが記されていた。

私は入院中のタカちゃんに、その部分を読んでやった。


羽犬塚は、奈良・平安朝のころ、律令で定められた駅のあったあたりである。

当然ながら、駅馬が飼われていた。古語で駅馬のことを、はゆま（はゆは逸《はゆ》）という。

駅馬を葬った塚があって、こんな地名ができあがったのにちがいない。

やがて意味が忘れられて、羽犬塚という奇妙な漢字があてられた。（略）

タカちゃんは、しばらく黙っていたが、「よう調べたね」と言った。私はタカちゃんに褒められ嬉しかった。それからまた、しばらくおしゃべりをした。さすがにタカちゃんは疲れたみたいだった。

「ノリちゃん、少し目ばつぶっとくけん」

と言って横になった。私は「明日、また来るたい」と言って、その日は帰った。

司馬遼太郎さんの研究によれば、現在の筑後市は、千二百年以上の歴史があったのだ。次のように考えてみてはどうだろうか。

人々の口から発せられる音声言語は、時代の流れとともに少しずつ変化する。「はゆま」という音声も変化した。つまり、「はゆま塚」が「はゆん塚」に。さらに「はいん塚」へ。したがって「イン」は「犬」のことではないということになる。

その地は、「馬」とともに栄えた交通の要所であった。九州各地に散在する村落の人々が交わり、共存共栄を象徴する聖地だったかもしれない。おそらく市が立ち、宿もあっただろう。行き交う人々で賑わっていたにちがいない。

タカちゃんのばあちゃんは読み書きができなかったと後で知ったが、物知りの人だった。口《く》伝《でん》の体現者だったのかもしれない。だとすれば、タカちゃんのばあちゃんのこだわりは歴史的真実の語り継ぎそのものだったのだ。

ちなみに現在の筑後市においては、羽犬塚の由来を、四百年ほど前の時代に求めている。羽柴秀吉が全国統一をなしとげようとしていた時代。地方には依然として、秀吉に従うことをよしとしない勢力があった。秀吉の軍隊はしばしば後退を余儀なくされていた。そこへ空を飛ぶ犬が現れた。羽の生えた犬は秀吉軍を援護した。

そうした物語を伝えるかのように、筑後市のＪＲ羽犬塚駅周辺には、羽の生えた犬のオブジェが、目立つ姿で点在している。筑後市のある催しもので団扇《うちわ》をもらったが、愛らしい子犬が鮮やかな色で描かれていた。よく見ると羽が生えていた。「ハインヅカ」は、これからもこのように描かれ、語り継がれていくのかもしれない。

しかし私は、戦場で活躍する羽の生えた犬の物語より、駅馬の塚の物語の方に魅かれる。そして真実味を感じる。平和に生きていることに感謝する人々の心と、遠い昔の暮らしの様子がしみじみと伝わって来るからである。

時の記念日

病知らずだったタカちゃんが食欲をなくし、元気が消えかかっている。

私は、毎日タカちゃんに会いに行った。タカちゃんがベッドで眠っている時は、声をかけずに帰った。

タカちゃんとの思い出の中で、一番楽しい思い出は、「時の記念日」のポスターを一緒に描いたこと。六月になると学校で「時の記念日」のポスターを描くのだが、いつも時間が足りずに家に持ち帰り、一緒に完成させていた。その懐かしい六月十日が、まもなくやって来る。

その六月に入ってからのこと。タカちゃんはベッドで眠っていた。私はベッド横の椅子に座り、鞄に入れていたクーピーペンを取り出して、「時の記念日」のポスターを描いた。笑っている時計のポスターが仕上がった。

しばらくして、タカちゃんが目をさました。

「ああ、ノリちゃんか」

「ほら、時の記念日のポスター」

タカちゃんはポスターを手に取り、懐かしそうに言った。

「ほんなこつ、二人でよう描きよった」

そして、

「よう描けとる」と褒めてくれた。さらに、

「ノリちゃんが書いた文章も面白か。もっと書け」と言った。

私たちはそんな会話をしながら、本当は運命を感じ、運命を受け入れようと努力していたの

時の記念日のポスター

だと思う。

静かに話そうと心がけていたが、お互いに興奮し、ついつい声が大きくなっていた。周りの人たちには迷惑をかけていたに違いない。

その翌日のこと。私は偶然にも、タカちゃんが点滴のカテーテルを強引に抜き取るところを見た。その場面を、廊下から病室の窓越しに見た。私は、覚悟して言った。

「タカちゃん、短気ばおこしたらでけんよ。点滴ば取ったら死んでしまうやんね」

「ノリちゃん、ちょっと疲れたごたる。少し眠るけん」

タカちゃんは顔をゆがめながら、目を閉じた。かける言葉が出なかった。私はそばに座っているだけだった。

次の日、部屋が変わっていた。タカちゃんは静かに眠っていた。声はかけなかった。

私も家にもどって寝た。

夜が明けた頃だった。電話が鳴った。タカちゃんの家族の方からだった。「逝ってしまいました」という知らせだった。時の記念日の翌日だった。

タカちゃんが生きていたら、こんなふうに言うのではなかろうか。

「ノリちゃん、まだあるやんね。ねまったら、でけんばい」

父さんの贈りもの

『写真万葉録・筑豊』の監修者の一人だった趙根在さんから、一冊の本をいただいた。『父さんの贈りもの』という本で、舞台は一九八四年から一九八五年にかけてのイギリス。炭鉱労働者（マイナーズ）のストライキのことと、そこで暮らしていた子どもたちのことが書かれていた。原題は『More Valuable Than Gold』。一九八七年にレターボックス社が出版。「黄金よりも尊く」という心情が散りばめられていた。

三池炭鉱では一九六〇年一月に三池闘争が起きた。イギリスでも、それから二十年後のサッチャー首相の時代に、同じようなことが起きていたのだ。

そして思った。私にとっての「父さんの贈りもの」とは、何だったのだろうかと。

ふり返ると、まず二つ思い出す。一つは三池闘争の最中にあったこと。

三池労組の方針の中に、家族にとって大事なことは「家族会議」を開いて話し合うというのがあった。ある日の夜、父がめずらしく「ちょっと、よかかね」とあらたまった。何か大切な話だと直感した。

「係り員にならんかね、と誘われた。会社からの肩たたきたい。退職金だけでも一五〇万円くらいは違うらしい。返事を待ってもらっとる。どげんしようか」

父にもやはり「肩たたき」があったのだ。それ自体は当然のなりゆきだろうと、子どもながらに納得できた。父の仕事ぶりは幼い頃から、職場に行った時によく見ていたから知っていた。なによりも休まない。遅れない。残業をいとわない。また真面目というだけでなく、同僚の人たちからも信頼されていることが感じとれていた。仕事ぶりを評価されていることに、子どもである私も誇らしく思っていた。

穏やかな時代であれば、「どげんしようか」の話ではない。「よろしく」ですむ。しかし状況を考えれば、そう簡単ではないのだ。将来、いろんなことが予想される。様々なことを想定しなければならない。だからこそ父は、こうやって家族みんなに相談しているのだ。私はふだんから私なりに考えていた。そのことを正直に、はっきり言った。

「お父《と》さんが係り員になって、給料が上がることは嬉しか。ばってんそれは、三池労組を出るということやろう。ストライキばやめて、会社の首切りはしよんなか、て言うことやろう。それは、いやばい。考えられん。これから先、どげんか生き方ばしたらいいか、わからんごつなる。ぼくもこれからもっとがんばる。だけん今まで通り三池労組におってほしか」

父は、穏やかな表情で聞いてくれていた。キヨヱさん（母）は、主婦会で一緒にがんばっている人たちの話を添えながら、今のままの暮らしでいくことの方がいいと言った。

「そのほうがよかごたるね。返事ばしとくたい」と父が言った。

おそらく父は何日もの間、一人で悩み考えていたにちがいない。家族一人ひとりのこれからのことを想定し、退職後のことを考え、何が幸せかと自問していたのだと思う。しかし、私たちに相談してからの決断は早かった。父は組合に残ることを選んでくれた。

次の日の朝、父はいつものようにノーリツ号二十九インチタイヤの足ブレーキの自転車で出かけて行った。私は見送った後、心の中で、「お父さん、ありがとう」と感謝していた。父はこれからも、三池労組の一員としてやっていく。私もまた気兼ねなく、友だちと一緒にやっていける。私の中で、もやもやしていたものがきれいに晴れた。

私の人生における「父さんの贈りもの」の一つは、これである。

「父からの贈りもの」の二つ目は、結婚した時に貰った祝いの品である。

父が言った。

「ずっと、使えるやろう」

意外なものだった。包みを開けると三つの箱があり、それぞれに形の違う包丁が入っていた。いわゆる菜切りと出刃と柳刃だった。

「使い終わったら、時々研ぐように。水気はきれいに拭き取るように」

父は、三本の包丁を感慨深そうに見ていた。私の方から尋ねた。

「ありがとう。ところでこの長いのは、刺身包丁よね。なんで刃先がこげん長いと」

「刺身は、引くって言う。刃を当てたら、手前に引くように切る。ノコギリのように押したり引いたりはせん。刃の先が柳の葉のように長いとは、魚の身がくずれんごつするため」

私が聞くべきことはまだ他にあったのではと、今にして思う。

息子の人生の新たな船出に際し、父はもっと深い何かを託そうとしていたのではないだろうか。しかし、どちらかといえば何事にも控えめだった父は、結局それ以上自分から言うことはなかった。酒を酌み交わすと、楽しそうにしゃべり始めるが、道具のことや釣り魚の習性のことなどが話題の中心で、むずかしい話はほとんどしなかった。

川魚が主だったが、釣って来たフナやウナギの下ごしらえは父がしていた。共同水道に足つきの俎板《まないた》を持ち出し、専用の包丁とナイフを使い、時々研ぎながら捌《さば》いた。暗くなれば自前の電灯を引いてきて、どんなに遅くなっても最後の一匹まで捌いていた。下ごしらえがすんだら、これもその日のうちに七厘の火であぶり、素焼きにしていた。冷蔵庫はなかったから、食用にする魚の下ごしらえは、ここまでしておく必要があったのだ。

私が中学生になってからもこのやり方は続いていた。というか、いっそう多くなった。父は、春から夏の間は日曜日ごとにウナギを釣りに行った。痩せてはいたが大食漢となっていた私のために、父はいっそうがんばるようになっていた。ミミズを掘って自転車で釣りに行くが、金はかけない。海釣りは道具やエサに金がかかる。そのためだろうか、父はあまりしなかった。

夏場の食卓には、毎日ウナギの蒲焼の煮直しが置いてあった。梅干しを食べたいが、一緒に食うと、合食だから死ぬぞと言われていた。それで、あと口にはスイカの皮の塩漬などを食べていた。

ウナギ釣りは、貧しい暮らしの中での父なりの工夫だった。帰宅後の魚の下ごしらえは、私もがんばって手伝った。父は時々「切れなくなった」と言って、砥石で包丁をといでいた。包丁がいかに大切な道具であるかということを、私は、父のこうした場面に立ち会いながら認識するようになっていたのだと思う。包丁があれば、貧しくてもなんとか食っていける。包丁を握るとそんなことを考え、父を思い出す。

しかし年を重ね最近になって、とても大切なもう一つの「父さんの贈りもの」を、遠い昔にすでに貰っていたことに気づいた。しかし私が気づいた時、父はすでに他界していた。

今あらためて、そのことについて考えている。

私を生んでくれた母は、私が小学校三年生の時に家を出た。四年生に進級しても、母は帰って来なかった。父は心配して公的機関にも相談していた。私は、父によけいな心配をかけないためにも、学校ではがんばろうと思っていた。

作文の宿題が出たので、それまで秘密にしていた家のことを書いて出した。担任の先生にだけは、私の心の内を知っておいてもらいたかったからである。だが先生は、私に何も言わないまま、皆の前でそれを読み上げた。突然のことに私はおろおろした。その後も、先生は、私に何も言ってくれなかった。

私は作文を書いて出すということに用心深くなった。正直に書くということが怖くなったのだ。学校は楽しい所ではないと思うようにもなった。ただ私は信じていた。母は必ず帰って来る。また一緒に暮らせるのだと。私には、そう思う理由があった。

母は、いろんなお話をしてくれる人だった。季節が秋から冬になり、縁側に陽が差し込むようになると、陽の当たる場所で、少し長い物語を聴かせてくれていた。台本はなかった。物語は母の頭の中にあった。それは、私が学校に行くようになってからも時々続いていて、心地良い時間だった。

小学校一年生の冬に小児結核を患って以来、私は母と一緒に、雨の日も木枯らしが吹く日も病院に通った。母と一緒だと、病気は必ず治ると思えた。土曜日には、タカちゃんも付き合ってくれた。

二年生になると絶対安静を言い渡され、自宅療養となった。一学期は全部欠席した。レントゲン撮影が必要な日には通院するのだが、タクシーで行くという贅沢はできなかった。夏のギラギラした陽射しのなかを、私は母と一緒に歩いた。それでも外出できるのでうれしかった。病院からの帰りは、店に入ってカキ氷を食べさせてもらった。

注射はいつもお尻にペニシリンだった。痛いのを打たれた後は、母が私の手を引いてくれた。そんな努力が実ったのだろう。病状に好転のきざしが見えた。結核には、菌が周りに飛散する開放性と本人内に留まる非開放性の二つがあった。私の場合は非開放性と診断されていたので、二学期からは条件付での通学ができるようになった。

それほどの母である。母は私のために必ず帰って来る。私はそう信じて疑わなかった。ただ一つだけ、父には最後まで言わないでいたことがあった。母との間で、あるやり取りをしていたのである。

その日は、早春の平日だったと思う。母と二人で市内の延命公園にいた。晴れてはいたが少し肌寒かった。周りに人はいなかった。母は弁当を用意してくれていた。しきものを広げて弁当を開いた。ゴマ塩まぶしのおにぎりだった。父との魚釣りも楽しいが、母とのピクニックもまた楽しい。私はそんな気分でいた。しかし、おにぎりを食べながら、母に笑顔はなかった。何か考えこんでいる様子だった。

やがて、母がつぶやくように言った。

「しげのり、一緒に死んでくれんか」

私は驚いた。突然の、信じられない言葉だった。返す言葉が見つからない。

「どうして?」と訊くのも怖かった。下を向いたままかろうじて返事をした。

「まだ、ぼくは死にたくない」

それだけ言うのが精いっぱいだった。

私は母の顔を見ることができないでいた。母は私の返事に対して、「そうか」とだけ言ったような気がする。せっかくのゴマ塩まぶしのおにぎりが曇って見えた。それから後は、どうなったのだろう。記憶はそこで消えている。世界がしぼんでいくような感じになっていたことだけを覚えている。

母が家を出て行ってからの日々、私は不吉な知らせが来ませんようにと、心の中で念じていた。

四年生の冬だったと思う。父から離婚の手続きがとられたと知らされた。死んではいなかったのだ。生きていてくれた。とにかく、ほっとした。

しかし、父と母は別れたのだ。かつての暮らしには、もう戻れない。悲しい知らせであることに変わりはなかった。私は父と暮らすのだと知らされた。こういう場合、どうしたらいいのか相談できそうな人はいない。私の困惑はしばらく続いた。

一方で、もう一人の自分が私自身に言い聞かせていた。何があっても受けとめなければならない。逃げたらもっと不幸になる。誰かの真似なんかしたら、それこそ死んでしまう。しっかりしろ。今起きていることは、おとなになれば、解かる日がきっと来る。その日が来るまでは、生きてがんばるのだと。

私にとっては、両親の離婚の原因なんて、どうでもいいことだった。しかし、こうした私の家族のことは、すぐに周りの人たちの評判となった。共同風呂の行き帰りに、あるいは共同風呂の中で、おとなたちは私にいろいろ声をかけてきた。みんなが私を励まそうとしているのが、それなりに伝わった。父の実家に里帰りした折には、親戚の人たちが語気強く励ましてくれた。

だが、そうした言葉は、私にとっては励ましどころか、いっそう辛くなる棘になっていた。

「不良にもならんで、ニコニコしながら、よう手伝いばする」

「あげんかこつがあったとに、あんたはようがんばっとるよね」

「よか女性《ひと》と思いよったばってん、人間ちゃわからんね」

「あんたのごたるよか子ば置いて、どこさん行かしたつかね」

「あん女性はほんなこて、かわいそかこつば、せらしたよね」

「あんたたちは何も悪なかとよ、お母さんの方が悪かったい」

「このくらいのことで、グレたら（不良になったら）いかんよ」

「あんたのお父さんは、出来とらす。お母さんの悪口ば言わっさんもん」

母を悪く言うことで、私の心が軽くなるとでも思っていたのだろうか。

母を傷つける言葉が私を傷つけ、父を傷つける。結果的にはそうなってしまうのだ。そんな言葉はいらないと思った。そんななかで、ひときわ語気強く励まそうとしていたのは、父の母親（私の祖母）だった。祖母は、病弱な私のためにダンゴ汁を作ってくれたり、産みたての卵を鶏舎で探してくれていた。「これだったらご飯をよう食べる」と言って、ツワブキの塩漬を用意してくれてもいた。

しかし私の母のことになると、言葉が棘となり顔を合わせるのがだんだん辛くなった。

「あんひとは鬼じゃって。よか目には遭わんとぞ。あんたはしっかり勉強せんばない」

いわゆる歳のせいか、祖母の口からは、こんな言葉がくり返し吐かれた。私は言い返さなかったが、内心は「それ以上は言わないで」と耳を塞いでいた。

父はどう言うだろう。父の言葉によっては、自分が自分でなくなってしまう気がする。自分の心が溺れてしまうかもしれない。訊きたいと思いながら、訊くのが怖かった。

そして、いつの時期だったかは忘れたが、父が私に言った。しっかり覚えている。

「お母さんには、感謝しとかんとね。あんたの病気を治そうと一生懸命やったろうが。わかっとるやろう」

父は、私の心の内を知っていたのだ。私は安心し、初めて泣いた。

私は父に母に、心から感謝することができた。この時の父の言葉は、その後の私の人生の強い支えとなった。

私にとっての「父さんの贈りもの」。それは、この時の「父の言葉」だったと思っている。

あとがき

三池炭鉱宮原社宅にいた子どもたちは、そのほとんどが大学とは無縁の存在であった。大学のことが話題になることはめったになく、身近にモデルとなる先輩もいなかった。最大の理由は、暮らしが貧しかったからだと思う。

私は幸運にも、東京の国立大学を受験することができ、そこで勉強することができた。私はたくさんの人たちのおかげによって、今があると思っている。そうした感謝の気持ちを形にしておきたいと思った。

社宅にあっては、まずタカちゃん。それからジープおっちゃん、ギーちゃん、ナオちゃん、医師のミネマツ先生。小、中学校では、中原重俊先生、高巣巴先生、多田隈ヒサ子先生。大学では小林文人先生、桑原経重先生。そして野村信吾さん、林えいだいさん。えいだいさんの「どこにいても三池を忘れるな」という励ましの言葉は、私の心に沁み羅針盤となった。千葉県野田市では飯塚達男さん、逸見紀一郎さん、大川哲男さん、平井徹さんにお世話になった。

すでに逝かれた方もいらっしゃるが、私のなかでは今も会話している。

「人生は照る日曇る日だな」と、おっしゃっていたのは演劇部顧問の桑原経重先生だった。納豆に醤油をかけただけのつけ汁で、茹《ゆ》でた蕎麦《そば》を、先生の研究室でいっしょに食べた。高級ウイスキーを指しながら、「こいつより、この六調子（熊本の米焼酎）のほうがうまい」と、ご機嫌だった。その夜、演劇の仕事とは別の道に進むことを、先生にお話しした。

「農中の卒業論文は、まだ序論だな」と、小林先生に言われた。生涯のテーマを暗示されたようで、卒業後も先生から声がかかると、会いに行った。ベルリンやパリへもついて行った。福岡の油山では、ブロック囲いの火で魚を焼き食べながら、近況を伝えた。

筑豊の住人となってからは、上野英信さんの筑豊文庫によくおじゃました。英信さんは酒が強く、飲み方が美しかった。山本作兵衛さんのお宅にも連れていってもらった。

書いたものを本にして世に問うことを勧めてくれたのは、小笠原和彦さんだった。私は、学校現場で仕事をしながら、思いつくままにレポートを書いていた。小笠原さんは、そんな雑文をまじめに読んでくれていた。文章を手直ししてもらったこともある。書いておくことの大切さを教わった。

福岡県人権・同和教育研究協議会は、季刊誌『ウィンズ・風』を発行しているが、江嵜文寿先生の紹介で寄稿する機会を得た。気がつくと十回も連載していた。校正は和多則幸さんにしてもらっていた。和多さんの校正はオシャレだった。一冊にまとめてみたいね、としゃべりあっていたら急逝されてしまった。残念でならない。

石風社からの出版に際しては、代表の福元満治さんをおおいに困らせてしまった。編集を担当された中津千穂子さん、仕上げを担当された江崎尚裕さんにはたいへんお世話になった。

ありがとうございました。

『三池炭鉱宮原社宅の少年』に寄せて

小林　文人

本書のゲラ刷りが送られてきて、読み始めたら夜が明けてしまった。続きを読んだ夜もそうだった。少年たちが生き生きと動き、筑後（大牟田）弁で豊かに語りあっている。厳しい暮らしも楽しく見えてくるから不思議だ。育った地域（三池炭鉱宮原社宅）の描写も詳しく、これほどまでに少年の記憶が残っているのかと驚いた。

子ども時代の回想・証言、宮原社宅で育った自分史が、そのますぐれて希少な地域史となり、三池争議をはさむ激動の社会史の側面をもっている。

著者・農中茂徳との出会いは半世紀前にさかのぼる。一九六〇年代後半からの付き合いだ。東京学芸大学（東京・小金井市）のキャンパス、芝生の上。彼は大学当局に抗議の座り込み（もしかするとハンスト?）の学生、私はまだ若い大学教師。お互い対峙する関係なのに、何かひとこと対話したのが最初であった。妙に気の合うところがあって、同郷意識（私は筑後・久留米の出身）も重なり、その頃住んでいた国立市の公団住宅に遊びに来るようになった。本書「シジミ」の話などは直接聞いた記憶がある。苦節の中を生きる学生のたくましい生活の智恵だ！と感服した。一時は演劇の道を志していたような印象もあり、声量ある声で演説か台詞の稽古をしていた場面が想い出される。

卒業論文の制作は、三池争議とくに三池主婦会の活動とその歴史に取り組んだ。重い課題、しかも自ら現実を見聞きしているだけに、かえって簡単には書けなかったに違いない。歴史をさかのぼっていくうちに、力作となるべき論文も〝未完〟のまま終わったと記憶している。それが今、当時の「少年」をテーマに掲げて、このようなユニークな一冊となり、貴重な記録に結実したことを我が事のように喜びたい。

いくつもの回想が蘇る。友人たちの多くは教師の道に入ったが、彼は野田市の社会教育の仕事に就いた。社会教育の研究をしてきた私にとっては、同じ道に入った最初の卒業生だ。仕事は順調に進んだらしく、地域の若者や演劇仲間に囲まれ、信望を得たのか、推されて市議会議員に立候補した。予想以上の票を得たが、見事に落選、そして失職した。

福岡に戻り、雌伏数年を経て、筑豊の聾学校や筑後の養護学校の教師として生涯の道を歩いてきた。ハンディをもつ子どもたちに寄り添い、諸問題と格闘しながら、心温まる教育実践に取り組んできた。折々の実践記録が届けられてきた歳月。その中には珠玉の輝きを放つものがあったことを憶えている。

この本で少年時代の記録を読む機会を与えられて、あらためて思うことがあった。「タカちゃん」との友情、仲間との遊び、母への思い、父がくれた贈りもの、宮原社宅という地域の交流など、なんと豊かなことか。上野英信さんが「三池労組」の子どもたちは幸せだと書いたその実像でもあるだろうと。心の暖かさ、暮らしの智恵、生きるエネルギーのようなものが、その後の人生の歩みにさまざま結びついてきているのではないかと。本書に続いて、その後のこと、とく教師の実践記録をぜひまとめてほしい、と願っている。

（東京学芸大学名誉教授・元日本社会教育学会長）

社宅周辺の暮しと三池炭鉱

和暦	西暦	社宅周辺の暮し	三池炭鉱に関する出来事
明治6	1873		明治政府が三池炭山を官営とし、福岡監獄の囚人を使役
9	1876		大浦斜坑を開鑿（大正15年閉坑後、昭和21年再開、26年閉鎖）
10	1877		西南戦争
11	1878		三井物産が口之津に出張所を開設
12	1879		七浦竪坑を開鑿（大正12年閉坑）
16	1883		国事犯を収監するために三池集治監を開設
18	1885		勝立竪坑を開鑿（昭和3年閉坑、24年再開、25年閉鎖）
20	1887		宮浦竪坑を開鑿（昭和22年閉坑）
21	1888		勝立に三池集治監吏員が囚人供養の「解脱塔」を建立
22	1889		三井物産が官営三池炭山を落札して獲得
25	1892		竜湖瀬に三池集治監が「合葬之碑」を建立
28	1895		宮原竪坑を開鑿（昭和6年閉坑）
30	1897		皇太后死去による大赦で集治監の398名が放免となる 緊急の収容施設として一丁玉長屋（放免囚保護区小屋）が建造。万田坑開鑿
31	1898		与論島が台風の被害で暮らしの見通しを失う
32	1899		与論島から口之津へ集団で移住（第一次250人）
33	1900		三池集治監の菊地常喜医員が三井鉱山に意見書を提出「囚人の採炭課役（の）廃止（は）躊躇す可からざるものなり」これに対し三井鉱山は「使役する事は差支なし」と結論
35	1902		万田坑で採炭開始（昭和26年閉鎖）。囚人は使役せず
40	1907	三池郡立三池農学校（のちの三池農業高等学校）が開校	

41	1908	私立三井工業学校（現在の三池工業高等学校）が開校	
42	1909		三池港の大改修完了。この頃、口之津の与論島民は1226人と記録
43	1910		口之津での石炭積み替えの必要性がなくなり、三池港での労働力が必要となる。与論島民428人が再移住
44	1911	私立三井三池尋常小学校三川分教所が与論島からの移住者の子どもたちの学校として開校	
大正2	1913	大牟田高等女学校（現在の大牟田北高等学校）が郡立として開校	
6	1917	福岡県立三池中学校（現在の三池高等学校）が開校	
7	1918		四山坑開鑿。四山社宅建造
11	1922		米生町の通称〝権現堂〟に三井鉱山が『倶會一處』の墓を建立
12	1923		宮浦斜坑開鑿（昭和43年坑口閉鎖案） 三井物産口之津出張所が閉鎖
昭和5	1930		炭鉱での囚人使役と馬匹使役を廃止。女子の入坑が法律で禁止
6	1931	森松尚文堂（現在の麒麟書店）が上官町に開店	
10	1935	私立三池工業学校が上官町の三池集治監跡地に改築移転	
12	1937	エレベーターを備えた松屋デパートが開業	三川坑開鑿
14	1939	市立大牟田高等女学校（のちの大牟田南高等学校）が開校	露天掘開鑿（昭和21年閉坑）
15	1940		三川坑で採炭開始（平成9年閉坑）。この頃、一丁玉坑夫社宅が宮原従業員社宅に改称
18	1943		福岡俘虜収容所17分所が新港町に開設。この頃、米英豪などの連合軍捕虜や中国、朝鮮からの連行者を含む六千人が強制労働に従事

和暦	西暦	社宅周辺の暮し	三池炭鉱に関する出来事
20	1945	大牟田空襲で松屋デパートが炎上	
21	1946	茂徳が誕生。『リンゴの唄』が大ヒットする	三池炭鉱労働組合（通称〝三池労組〟）が結成
22	1947		与論島出身者の与洲奥都城（よしゅうおくつき、共同の墓）が完成
23	1948	いわゆる戦後の学制改革。	
24	1949	商業科と定時制を備えた県立大牟田南高等学校が開校。映画『青い山脈』が話題に	
25	1950	朝鮮戦争の影響か、軍用機の編隊が頻繁に空を飛ぶ。タカちゃんが幼稚園に通う	
26	1951	嵐寛寿郎の『鞍馬天狗』が社宅の講堂で上映。社宅の朝は隣組でみぞ掃除	万田坑が閉鎖、三川坑への受入れ式
27	1952	市立第一中学校が右京中学校と延命中学校に分離 街中の「松竹会館」「セントラル会館」「大天地」などのいわゆる封切り映画館はいつも満員。映画が始まると広告のスライドが映され、ニュースのあとに本番。紙芝居屋のおじさんは拍子木で子どもたちを集める 茂徳が駛馬北小学校に入学。帰りに鍛冶屋さんのフイゴを見て楽しむ	
28	1953	茂徳二年生の一学期を自宅で療養	三池炭鉱主婦協議会が結成 「英雄なき113日の闘い」
29	1954	社宅では煙突掃除屋さんが活躍 運動会の日に茂徳の母が出奔	
30	1955	運搬用の馬車が姿を消し、トラックが走りはじめる。三池労組の宣伝カー「はたかぜ」が活躍。飯炊きはいまだに竃（かまど）で。三池労組が「生活革命運動」	

31	1956	上官町の「宇宙館」では伴淳とアチャコの『二等兵物語』が上映	三池労組組合歌「炭掘る仲間」が誕生
32	1957	大牟田産業科学大博覧会が開催。駛馬天満宮の夜祭りではスルメのかば焼きが人気。この頃、米は配給制で、修学旅行は米を持参。ラジオから『一丁目一番地』のドラマ。社宅の家々は一年に一度の畳替え 茂徳の父が再婚。茂徳は倶楽部で毛筆を習う。駛馬北小学校の歓迎遠足は四山、お別れ遠足は万田公園だった	
33	1958	社宅の各家庭に水道が設置。社宅の講堂が閉鎖され、映画は社宅広場で三池労組の「はたかぜ」が巡回上映。配給燃料は宮原売店にガラ箱を押して取りに行く。社宅の台所に石油コンロが普及 駛馬北小学校の卒業式で、できたての校歌を歌う。茂徳は米生中学校に入学、中学校の引率映画で『十戒』を観る	
34	1959	テレビの『ローハイド』とプロレスが人気。社宅の倶楽部が三池労組の斗争本部になる。配給の七厘用燃料がコークスから豆炭にかわる	
35	1960	夏の炭都まつり（現在の大蛇山まつり）が中断。社宅の共同風呂で喧嘩が多くなる。『アカシアの雨がやむとき』の歌が流れる	三池闘争が激化。ホッパー（貯炭場）をめぐる流血の危険が7月20日に回避。9月に三池労組が「斡旋案」を受諾
36	1961	この頃、社宅の台所にガスの設備 茂徳が大牟田南高等学校に入学	
38	1963	大牟田南高等学校の商業科が分離し、県立大牟田商業高校が開校。国立有明工業高等専門学校が東萩尾に開校。 松屋デパートがミュージックサイレンのサービス。テレビの『逃亡者』が人気	11月9日、三川坑で炭塵爆発（死者458人、CO中毒839人）

和暦	西暦	社宅周辺の暮し	三池炭鉱に関する出来事
40	1965	松屋デパートがエスカレーター（動く階段）を設置。井筒屋が大牟田に出店 茂徳が東京学芸大学に合格し、東久留米の雄辿寮で暮らし始める	
42	1967		7月に三池労組の主婦75人が三川坑に強行入坑し、144時間の抗議の座り込み。9月に三川坑で火災（死者7人、CO中毒350人）
44	1969	東京の「シネマ新宿」では『地の群れ』『第七の封印』『西部戦線異状なし』などが上映されていた	
51	1976		有明坑が出炭開始
52	1977		宮浦坑が三川坑に統合、有明坑が三池炭鉱と合併
54	1979	宮原社宅を合理化する案が進行。この頃から三池炭鉱の各社宅は解体・統合へと向かう	
62	1987	帝京短期大学が新勝立町に開校	四山坑が三川坑に統合。四山社宅の撤去計画が進行
64	1989		有明坑が三川坑に統合。この頃から勝立や緑ヶ丘、原万田などの社宅の撤去が現実となっていく
平成9	1997		三池炭鉱が閉山。「炭鉱のことは忘れよう」の風潮が強まる
13	2001	ゆめタウン旭町店が開業。井筒屋大牟田店が閉店	
16	2004	松屋デパートが閉店。島原と三池港を結ぶ航路の利用客が減少	
17	2005	大牟田南、大牟田商業、三池農業の三つの高等学校が統合され、県立ありあけ新世高等学校が開校	
23	2011	イオンモール大牟田店が岬町に開業。九州新幹線が開通し、新大牟田駅が開業	山本作兵衛の炭坑画と日記が世界記憶遺産に登録
27	2015	船津、右京、延命の三つの中学校が統合され、宅峰中学校が開校	三池港、旧宮原坑、旧万田坑などが世界文化遺産に登録

参考文献

『資料 三池争議』 三井鉱山株式会社編 昭和38年（1963年）
『みいけ炭鉱労働組合史』 三池炭鉱労働組合 平成11年（1999年）
『与論島から口之津へ、そして三池へ』 大牟田・荒尾地区与論会 平成13年（2001年）
『大牟田市史・中巻』 大牟田市 昭和41年（1966年）
『大牟田市史・下巻』 同右 昭和43年（1968年）
『去るも地獄 残るも地獄――三池炭鉱労働者の二十年』 鎌田慧 筑摩書房 昭和57年（1982年）
『囚徒番号七十号坑夫』 武松輝男 創思社出版 昭和57年（1982年）

農中茂徳（のうなか　しげのり）

1946年生まれ。大牟田南高等学校卒業。
東京学芸大学を卒業したのちに福岡県内の
聾学校および養護学校に勤務。
現在は福岡県立大学非常勤講師（人権教育）、
福岡県人権・同和教育研究協議会会員。

三池炭鉱宮原社宅の少年

二〇一六年　六月十日　初版第一刷発行
二〇一六年十一月十日　初版第三刷発行

著　者　農中茂徳
発行者　福元満治
発行所　石風社
福岡市中央区渡辺通二―三―二四
電　話　〇九二（七一四）四八三八
ＦＡＸ　〇九二（七二五）三四四〇

印刷・製本　シナノパブリッシングプレス